イラスト&図解

知識 **ゼロ** でも
楽しく読める！

心理学

立正大学名誉教授
齊藤 勇 監修

JN017124

西東社

はじめに

「心」とは、何でしょう？

　心は誰もがもっています。ヒトは心で感じたり、思ったり、考えたり、求めたりします。そして、1人1人の心はちがっていて、まったく同じ心をもった人はいません。

　しかし、ちがう人であるにもかかわらず、同じものを好きになったり、同じ興味をもったり…と、まるで同じ心をもっているように考えたり、感じたりする人がいますよね。

　つまり、ヒトの心には、共通する性質があるのです。そのような共通性＝ヒトの心のしくみを解き明かすのが、心理学という学問なのです。

　ただ、心理学者から、「第一印象はとても大事です」「何度も会った人は好きになります」と説明されても、「そんなの、経験的に知っているよ」「心理学って、感覚的な学問？」と思われる人もいるのではないでしょうか。心理学のむずかしさは、心が目に見えず、手で触れることもできないところにあります。そこで、

心を探究するために、ヒトの行動を観察するのです。

心理学者たちは、実験や調査などを地道に何度もおこない、心の分析をおこなってきました。このような積み重ねによって、「ヒトの心には、こういう性質がある」と、心理学では論理的に説明できるのです。

本書では、このように、これまで積み重ねられてきた心理学の研究を、知識ゼロでも楽しく読めるようにと、できるだけ平易に、イラストや図解も豊富に使い、まとめています。心理学に興味をもって、「ちゃんと勉強してみよう」と思っても、専門書には専門用語が多く出てくるので、「むずかしい」と感じる人も多いのではないでしょうか？　そんな人でも、心理学に触れるきっかけになればと思い、心理テストやクイズから学べる特集もいくつも紹介していますので、ぜひ楽しんでみてください。

本書によって、心理学への理解と興味が、さらに深まってくれることを心より願っています。

立正大学名誉教授　齊藤 勇

もくじ

¥10,000
50%
OFF

3章 もっと知りたい！ 心理学のしくみやテクニック … 147 ▼ 215

1章

知りたい！

心理学の
あれこれ

私たちの心のしくみを解き明かす「心理学」。
どんな効果や理論があるのでしょうか？
聞いたことのある用語の意味や、実際にどう役立つかまで、
幅広く心理学の世界に触れてみましょう。

「心理学」ってそもそも何？脳科学と、どうちがう？

[基本]

なるほど！ 心理学は、実験的・統計学的に調べる！
脳科学は、化学的・物質的に調べる！

「心理学」とは、そもそもどういうものなのでしょうか？

心理学は、**心のしくみを解き明かす学問**です。私たちは、心を直接見たりできませんが、ヒトの行動には、必ず「心」がはたらいています。つまり、**目に見える行動を観察・測定**することで、その行動を引き起こした**「心」を科学的に究明しようとする学問**なのです。

心理学は、**「脳科学」**との共通点が多く、同じテーマを研究することもあります。ですが、心理学は心のしくみを**「実験的・統計学的」**に調べるのに対し、脳科学は脳そのものを**「化学的・物質的」**に調べ、そのはたらきを解明するというちがいがあります〔**図1**〕。

はるか昔から、心のしくみの解明は続けられてきました。例えば、プラトンやアリストテレスなど、古代ギリシアの哲学者たちも、心のしくみを探究してきました。しかし、彼らが導き出した心の理論は、**個人の経験や思考によってつくり出されたもの**でした。

実験や観察など、科学的なアプローチによって心を解き明かそうとする**「近代心理学」**は、1870年代、ドイツのライプツィヒ大学の心理学者ヴントが**「心理学実験教室」**を創設したことではじまったとされます。つまり、近代心理学の歴史は、まだ150年ほどしかないのです〔**図2**〕。

心理学の特性と誕生の歴史

▶ 心理学と脳科学のちがい〔図1〕

心理学 心のしくみを、実験的・統計学的に解き明かしていく。

脳科学 脳そのものを研究して、脳のはたらきを解き明かしていく。

100人中
68人がイエス
と答えている！

イエスと
答えた人の
脳内は
変化している！

▶ 近代心理学の誕生〔図2〕

近代心理学の歴史は、150年程度といわれている。

古代ギリシア

心は体が滅びても永遠に残る！

心は生命活動の原理である！

プラトン

アリストテレス

心の探究は、哲学者が経験や思考でおこなってきた

1870年代のドイツ

心理学を哲学から切り離して、実験で調べよう！

ヴント

近代心理学の誕生

02 心理学にはどんな
[基本] 種類や分野がある?

なるほど! 基礎心理学と応用心理学に大きく分けられ、
その中でもさまざまな分野に分かれる!

　心理学では、**知覚、記憶、学習、思考、感情、欲求などを、心の
はたらき**として考えます。そして、それぞれのはたらきを、観察や
実験によって解明していきます。

　心理学には、さまざまな分野があります。心理学は大きく、**「基
礎心理学」**と**「応用心理学」**に分類できます〔**右図**〕。

　基礎心理学は、**心理学の基礎となる「心の法則」を研究するもの**
で、知覚や記憶などのヒトの認知機能を研究する「認知心理学」や、
年齢による心の発達のメカニズムを研究する「発達心理学」、集団
内でのヒトの行動を研究する「社会心理学」(➡P116)などがあり、
研究方法は実験が中心になります。

　応用心理学は、**基礎心理学で得た法則を応用して、実際に役立て
るもの**です。例えば、心のバランスを崩した人の治療に取り組む「臨
床心理学」や、犯罪と心理の関係を研究する「犯罪心理学」、産業
の効率化を目指す「産業心理学」などがあります。ほかにも、「災
害心理学」「スポーツ心理学」「教育心理学」など、さまざまな分野
に活用されて**専門化・細分化が進んでいます。**

　近年では、商品開発やマーケティング、宣伝、販売など、**ビジネ
スの現場でも心理学が幅広く活用**されています。

心理学の <u>種類</u> と <u>分類</u>

▶ 基礎心理学と応用心理学

心理学は大きく、基礎心理学と応用心理学に分けられる。

基礎心理学	● 心理学の基礎となる「心の法則」を研究する。 ● ヒトの反応を観察するなど、実験による研究が中心。

認知心理学 知覚、認知、記憶など、ヒトの認知機能を研究。

発達心理学 年齢による心の発達のメカニズムを研究。

社会心理学 集団内でのヒトの行動を研究。

学習心理学 経験が行動を変化させる過程を研究。

人格心理学 ヒトの性格を研究する。

など

応用心理学	● 基礎心理学で得た法則を応用して、実際に役立てる。 ● さまざまな分野があり、専門化・細分化が進む。

臨床心理学 心の問題の解決を目指す。

犯罪心理学 犯罪と心理の関係を研究。

産業心理学 産業（仕事）の効率化を目指す。

災害心理学 災害時の恐怖や不安を研究。

スポーツ心理学 スポーツでの心理的課題を研究。

教育心理学 教育問題の解決を目指す。

ビジネス心理学 マーケティングなど商品販売の方法を研究。

など

知りたい！ 心理学のあれこれ **1章**

明日使える

心理テスト
1

木を描いて性格診断。
あなたの心理状態は？

白い紙を1枚用意して、そこに1本の木を心の中に思い浮かべて描いてみてください。心理学者コッホが提唱した、有名な深層心理テストです。

木……？

診断結果

木の大きさ

◆ 画面いっぱいに大きな木を描いた人

➡ 積極的で、自己主張が強いタイプ

◆ 画面の4割以下の小さな木を描いた人

➡ 消極的で、劣等感や不安が強いタイプ

幹の太さ

◆ 太い幹を描いた人　➡ エネルギーに満ちているタイプ

◆ 細い幹を描いた人　➡ 無力感があり、自信がないタイプ

樹冠

◆ 大きな樹冠を描いた人　➡ 大きな目標があり、自己評価が高いタイプ

◆ 葉を1枚1枚描いた人　➡ 自分を飾りたく、承認欲求が強いタイプ

◆ 描いた枝が少ない人　➡ 外界に心を閉ざし、孤独になりやすいタイプ

〔解説〕

　これは、**「バウム・テスト」**と呼ばれる心理テストです。バウムとはドイツ語で「木」を意味します。心理学者コッホが開発した性格投影法で、**描かれた木にはその人の心理が投影される**といいます。臨床の現場では、上記の「診断結果」よりも詳細な分析がおこなわれますが、ここでは一般的な解釈を紹介します。

　まず、木の大きさを見ます。**木の大きさで自我のバランス**がわかります。画面の40%〜80%くらいなら、自我のバランスがとれている状態です。次に、木の幹の太さを見ます。**木の中心となる幹には、個人の心理的エネルギーが投影**されています。先細りしている場合は、現在、疲労状態といえます。

　樹冠は、外界との関わりを投影しています。枝と幹のバランスがよい木を描いた人は、他人や環境との関係がよい傾向にあります。**木の実を描いた人は、結果を求めるタイプ**とされます。

　ただ、バウム・テストは、客観性や信憑性に欠けるという指摘もあるので、自分でやる場合は参考程度に考えておきましょう。

03 やる気をアップさせるには、どんな方法が効果的?

[仕事]

なるほど! 仕事自体に関心を深める**内発的動機づけ**が大切。**理想**や**目標**を**宣言**すると、効果大!

　仕事などのやる気をアップさせる方法はあるでしょうか?　心理学では、やる気のことを**「動機づけ（モチベーション）」**といい、**「外発的動機づけ」**と**「内発的動機づけ」**があるとされます。

　外発的動機づけとは、ヒトが行動する理由がお金や物品、賞罰や評価など、外的な要因による場合です。内発的動機づけとは、ヒトの行動の理由が内面にわき起こった興味や関心によって引き起こされる場合です。一般的には、**内発的動機づけの方が、効果が長続きする**といわれます。つまり、給料や出世ではなく、仕事自体に対する関心を強い方が、やる気を維持できるのです〔**図1**〕。

　とはいえ、内発的動機づけを育てるのはかんたんではありません。そんなときは、**自分の目標や理想などを外部に宣言して、潜在意識にはたらきかけてみましょう**。心理学ではこの方法を**「アファメーション」**といいます。人前で宣言するのが最も効果的ですが、つぶやいたり、日記に書いたりするだけでも効果があります。

　あえて中途半端に作業を止めたり、翌日の仕事を少しだけやったりしておくのも効果的です。ヒトは、完成されたものより、未完成のものに強い興味を抱きます。これを、**「ツァイガルニック効果」**といい、この効果で「終わらせよう」という気持ちがわくのです〔**図2**〕。

「やる気スイッチ」の入れ方

▶ 動機づけは「内発的」の方が効果的〔図1〕

外発的動機づけ
報酬や評価、環境などが行動の要因となる。

> 売り上げは先月よりアップしたけど…

報酬や評価が続かないと、やる気は維持されにくい…

内発的動機づけ
内面の知的好奇心などが行動の要因となる。

> もっとおいしいラーメンをつくりたい！

やりがいを発見し、やる気が維持されやすい！

▶ やる気をアップさせるテクニック〔図2〕

名品をつくる！　有名になる！

アファメーション
自分の目標や理想などを外部に宣言して、潜在意識にはたらきかけ、自分を奮い立たせる。

ツァイガルニック効果
「人は、未完成のものに強い興味を抱く」という効果を利用し、あえて中途半端に作業を止めておく。

017

04 好きになるのは似た人？
[恋愛] それとも似てない人？

なるほど！ 外見が自分と似た人を好きになりがち。
でも、性格は自分と真逆の人が合う！

あなたが好きになるのは、自分と似た人？　それとも似てない人？
心理学的には、**ヒトは自分と似た外見のパートナーを好きになる傾向**があり、これを「**マッチング仮説（釣り合い仮説）**」といいます。

見た目が魅力的な相手だと「自分では釣り合わないかも…」と、告白しない人も多いでしょう。また、自分より容姿が魅力的でないと感じる相手を、あえて恋人にしたいと願う人は少ないかもしれません。その結果、多くの人が告白を受け入れてくれそうな相手を無意識に選び、**「似た者どうし」** のカップルが多く誕生します〔**図1**〕。

しかし、「美女と野獣」のような例も、実際にはありますよね。この場合は、経済力や地位など、**外見とは別の要素も含めて、お互いが「釣り合っている」と感じている場合が多い**のです。たとえ、外見の魅力がとぼしく、経済力や地位がなくても、やさしさや知性などを磨けば、高嶺の花を振り向かせる可能性ももちろんあります。

一方で、ヒトは**性格的・内面的には自分と真逆のタイプに強くひかれる傾向**にあります。社会学者ウィンチは、結婚したカップルを調査し、良好な関係のカップルは「お互いにもっていない部分」を補い合える関係である、という結果を得ました。これを「**恋愛の相補性理論**」といいます〔**図2**〕。

外見は「釣り合い」、性格は「補完」

▶ マッチング仮説〔図1〕

心理学者バーシャイドらが提唱した理論で、ヒトは自分と似た容姿のパートナーを選ぶ傾向にあるとされる。

マッチング仮説の応用

意中の相手に見た目を近づけると、恋愛対象になりやすい。例えば、相手がメガネをかけていたら、自分もかけてみたり、似たようなファッションをしてみたりすると効果的。また、外見だけでなく、学歴、経済力や地位などの別の要素を含めて、お互いに「釣り合っている」と感じる場合もある。

▶ 恋愛の相補性理論〔図2〕

お互いに、内面的にもっていない部分に強くひかれるという理論。似た者どうしのカップルより激しくひかれ合うが、関係が長続きするとは限らない。

良好な関係の維持にも役立つ!

明るく
せっかちな
男性

内気で
のんきな
女性

05

[仕事]

相手の印象がよくなる?「初頭効果」「ハロー効果」

なるほど! 心理学では、**初対面の印象**が重要なことと、**際立った特徴**が重要なことがわかっている!

　自分のことは、相手に「できる人」と思ってもらいたいもの。どうすれば、相手によい印象をもってもらえるのでしょうか?

　まずは**初対面**が重要です。心理学では、**第一印象が、後々まで大きな影響を与える**ことがわかっています。これを**「初頭効果」**といいます。

　心理学者アッシュは、ある人物のいくつかの性格を、その人物を知らない人に対して示す実験をおこないました。その結果、最初に示された性格が、印象形成に大きな影響を及ぼすことを発見したのです〔**図1**〕。ですので、初対面では身なりを清潔にしたり、話し方などに特に配慮したりするとよいのです。

　また、**際立った特徴がひとつでもあると、人物全体の印象が大きく変わる**ことがあります。例えば、有名大学出身だったり、大企業に勤めていたりすると、それだけで無意識のうちに、その人を高く評価してしまうのです。これを**「ハロー効果(光背効果)」**といいます。固定観念や先入観(**ステレオタイプ** ➡ P217)の強い人が、ハロー効果の影響を受けやすいといわれます〔**図2**〕。特別な資格や特技をもっていれば、それを相手にアピールすることで、「できる人」という印象をもってもらえるかもしれませんね。

第一印象で人物イメージが決まる

▶ 初頭効果の実験 〔図1〕

アッシュは、ある人物の性格リストを、2つのグループに分けた被験者たちに読み上げた。その際、グループによって性格リストの順番を逆にした。

Aグループに読んだ順序

- 知的
- 勤勉
- 衝動的
- 批判的
- 強情
- 嫉妬深い

- リストの順序が逆
- リストの内容は同じ

Bグループに読んだ順序

- 嫉妬深い
- 強情
- 批判的
- 衝動的
- 勤勉
- 知的

Aグループが抱いたイメージ
欠点もあるが知的な人物

好印象！

Bグループが抱いたイメージ
欠点が多く、能力を発揮できない人物

悪印象…

▶ ハロー効果 〔図2〕

目立つ特徴に引きずられ、それ以外の要素も同じように評価してしまうこと。例えば、高学歴などの際立った特徴がある人は、人物全体の評価が高くなることがある。

有名企業
高学歴
高収入
留学経験
資格多数

021

知りたい！ 心理学のあれこれ **1章**

ハンドルを握ると性格が変わる人がいるのはなぜ?

 なるほど! ドレス効果で制服を着ると強気になるように、車に乗ることで無意識に強気になるから!

　ふだんは温厚なのに、車のハンドルを握ると、突然、言葉づかいが攻撃的で乱暴になる人…あなたの身近にいませんか?　これは、**「ドレス効果（ユニフォーム効果）」** によるものです。

　ドレス効果とは、着る服がヒトに与える心理的な影響のことで、かんたんに言えば、**制服を着ると強気になる**という現象です。警察官や消防士が勇敢なのは、日頃の訓練だけではなく、制服によるドレス効果もあるとされています〔**図1**〕。

　ビジネスマンがスーツを着たり、医師が白衣を着たり、スポーツ選手がユニフォームを着るのも、ドレス効果を利用しているのです。近年は在宅勤務が増えていますが、自宅でもきちんとした服装にすると、仕事の効率はアップするといわれています。車に乗ると別人格になるのは、**無意識のうちに自分と車を重ね合わせ、強気になっている**のです〔**図2**〕。

　また、ヒトは相手の服装によって、その相手の意見を受け入れるかどうかを判断しがちです。これもドレス効果のひとつで、カジュアルな服装の人からなら断った依頼でも、**警察官や消防士の制服を着た人からの依頼なら、多くの人が聞いてしまう**のです。この心理を利用して、警察官や消防士の制服を悪用した犯罪も起きています。

制服が心理に及ぼす影響

▶ドレス効果の２つの側面〔図1〕

ドレス効果には自分に及ぼす影響と、他人に及ぼす影響の、２つの側面がある。例えば、制服を着た人は、制服に合った心理状態になりやすい。また、制服を着た人を見ると、その人の内面も制服に合ったものだと判断してしまう。

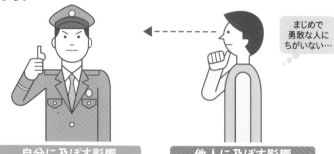

まじめで
勇敢な人に
ちがいない…

自分に及ぼす影響
制服を着ることで、強気になったり、まじめになったりする。

他人に及ぼす影響
制服を着た人は勇敢でまじめだと思いこんでしまう。

▶ハンドルを握ると別人格になる理由〔図2〕

ドレス
効果

没
個性化

敵意帰属
バイアス

ドレス効果により、大きくて速い自動車と自分自身を、無意識に重ね合わせて強気になっている。このほか、運転中は相手に自分の顔が見えないため没個性化（➡ P204）が起きていることや、相手の行為を敵意から生じたものだと考える敵意帰属バイアス（➡ P204）が強いことなども影響している。

好意は伝えるべき？
心に秘めておくべき？

なるほど！ 好意を受けると、好意を返したくなる
「好意の返報性」をうまく利用するのが◎

好きな相手に好意を伝えるのは、勇気がいりますよね。そして伝えたとすると、相手はどう思うものなのでしょうか？

心理学によると、**ヒトは相手から好意を受けると、「同じ量の好意を返さなければ」という感情を抱きます**。これを「**好意の返報性**」といいます。つまり、相手に好意を伝えることで、相手も自分に好意をもってくれる可能性が高まるのです。

心理学者アロンが、過去8か月以内に恋に落ちた学生を対象にその理由を調査したところ、なんと**全体の90%が「告白などで好意を表明されたから」と答えた**のです〔**図1**〕。

もちろん、親しくない相手にいきなり「好きだ」と告白すると、警戒されて不快に思われるでしょう。ですので、好きな相手とは日頃から積極的にコミュニケーションを取るように心がけ、距離が近づいた段階で、好意を伝えるのが効果的でしょう。

また、**他人から何かをしてもらったら、「何かお返しをしなければ」と考える心理のことを「返報性の原理」**といいます。この返報性の原理は、好意の返報性だけでなく、例えば、無料キャンペーンや無料サンプルの配布、試飲・試食などといったビジネスにおいても活用される原理です〔**図2**〕。

受けた好意は返したくなる

▶ 恋愛感情を抱いたきっかけの調査〔図1〕

アロンは、過去8か月以内に恋に落ちた学生に対し、「恋に落ちた理由」を自由回答（複数回答）でたずねたところ、90%が「好意を表明されたから」（好意の返報性）と答えた。

調査によって判明した「恋に落ちた理由」

1. 好意の返報性
2. 相手の外見的・内面的な望ましさ
3. 態度・性格の類似性
4. 近接性（いっしょにいる機会の多さ）

▶ 返報性の原理〔図2〕

「返報性の原理」は、ビジネスでも積極的に活用されている。

試飲・試食

飲食したため、何か買わないと悪いと感じる。

ホワイトデー

バレンタインデーのお返しをしたいと感じる。

ていねいな接客

心地よく感じ、次も同じ店で購入したいと感じる。

知りたい！ 心理学のあれこれ **1**章

08 [仕事] 相手に好印象をもたせる質問のしかたがある？

なるほど！ 自分に対する**関心度**が高い人には、
「**新近効果**」を活用して**最後にアピール**！

印象アップのためには、**「初頭効果」**（⇒ P20）により、初対面時が重要。ただその一方で、**最後に与えられた情報も、ヒトの印象に大きな影響を与える**ということがわかっています。

この心理効果を**「新近効果（終末効果）」**といいます。新近効果は、心理学者アンダーソンがおこなった模擬裁判の実験の結果から提唱されました。この模擬裁判は、弁護側と検事側が順番を変えて証言をおこなうもので、その結果、証言がどの順番でも、陪審員は、最後の証言をもとに判断するという結果が出たのです〔**図1**〕。基本的に、**自分に対して関心の低い人には初頭効果、自分に対して関心の高い人には新近効果が有効的**だといわれます。

ビジネスの現場でも、新近効果は有効に活用できます。会議や商談、プレゼンなどの最後にアピールすることで、相手に強い印象を与えることができるのです。去り際に深く一礼するのも、相手に好印象を与えることができるといわれています。

このほか、**メモを取ることでも好印象を与えられます**。メモを取られた人は、「敬意をもたれている」と感じて、少しでも正確な情報を与えたいと思うようになり、相手に好印象をもつのです。これを**「インタビュー効果」**といいます〔**図2**〕。

相手に好印象を与えるコツ

▶ 新近効果の実験〔図1〕

実際の事件をもとに検事役、弁護士役、陪審員役を与え、模擬裁判をおこなう実験。検事と弁護士はそれぞれ6つの証言をもっている。

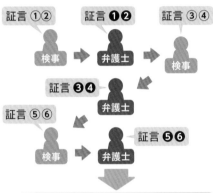

交互に証言した場合

検事と弁護士の証言を交互に2つずつ続け、最後の証言は弁護士になった。

証言 ①② ／ 検事 ➡ 証言 ❶❷ ／ 弁護士 ➡ 証言 ③④ ／ 検事

証言 ❸❹ ／ 弁護士

証言 ⑤⑥ ／ 検事 ➡ 弁護士 ／ 証言 ❺❻

陪審員は弁護士に有利な判決を下した

証言の順番を変えた場合

弁護士が6つ証言し、次に検事が6つ証言する。

証言 ❶❷❸❹❺❻ ／ 弁護士

証言 ①②③④⑤⑥ ／ 検事

陪審員は検事に有利な判決を下した

▶ インタビュー効果〔図2〕

メモを取りながら相手の話を聞くことで、自分の印象をアップできる。上司や取引先など、立場が上の人の場合に特に有効だが、会議や打ち合わせでも効果的。

まじめな人だな…

自分の方ががんばってる？「自己中心性バイアス」

なるほど!

「**自己中心性バイアス**」の作用によって、誰もが**自分を過大評価**している！

「自分ばかり損している…」と不満を感じたことはありませんか？実際にその通りの場合もありますが、こういうときには**「自己中心性バイアス」**に注意することが必要です。

ヒトは、**過去の事実を自分の都合のいいように変えて、貢献度は他人より自分の方が高いと評価しがち**です。これを心理学で**「自己中心性バイアス」**といいます。心理学者ロスは、何十組かの夫婦に協力してもらい、「自分がどのくらい家事をしていると思っているか」という調査をしました。その結果、**夫も妻も、そのほとんどが「自分は相手が思っているより多く家事をしている」と感じている**ことがわかりました。これは、自分の行動は記憶しやすいが、他人の行動はあまり覚えないためだと考えられています〔**図1**〕。

つまり、ヒトは無意識のうちに、自分の行動を評価し、相手の仕事を少なく見積もってしまうのです。「若い頃はイケてた」など、**過去の自分を美化する**のも自己中心性バイアスによるもので、プライドの高い人は、自己中心性バイアスをもちやすいとされます。

仕事の現場で、自己中心性バイアスが強く生じれば問題ですよね。これを避けるには、評価基準を明確にするなど**「見える化」**を徹底することが有効とされています〔**図2**〕。

自分のことは過大評価してしまうもの

▶ 自己中心性バイアスの実験〔図1〕

ロスが、夫婦の家事の分担について調査。「朝食の準備」「皿洗い」「掃除」「買い物」「子どもの送迎」など、20の活動項目を提示し、夫婦それぞれに自分の貢献度の割合を記入してもらった。

自分の貢献度は30%

自分の貢献度は90%

貢献度の割合を合計すると、多くの項目で100%を超えていた

夫も妻も「相手が思っているより自分の仕事量が多い」と感じている！

▶ 自己中心性バイアスで起こる問題〔図2〕

ビジネスの場合

チーム内で給料に差をつけられた人は、不満をつのらせ、チームワークが悪化する。

解決策 ◆評価基準を明確化する
◆成果を記録・数値化する など

夫婦の場合

家事の分担が明確になっていないと、自分ばかり損していると思い、けんかになる。

解決策 ◆家事の分担を明確化する
◆感謝を伝え合う など

知りたい！ 心理学のあれこれ **1章**

自分の成績が平均点のとき、あなたはどう思う？

あなたの学校のテストや仕事の成績などが、平均点だったとします。このとき、あなたはどう思いますか？

ザワザワ…

診断結果

◆ もっとがんばろう！ と思った人

➡ モチベーション（やる気）の高い　上方比較タイプ

◆ 平均点ならよかった！ と思った人

➡ モチベーション（やる気）の低い　下方比較タイプ

〔解説〕

ヒトは、**無意識に自分と他人を比較して、自分の能力を正確に評価しようとしています**。これを心理学で、「**社会的比較理論**」といいます。そして、自分より能力が上の人と比較することを「**上方比較**」、能力が下の人と比較することを「**下方比較**」といいます〔**下図**〕。

上方比較 自分より能力が上の人と比較する傾向にある。

【性格の特徴】
- ◆ 自信があり向上心が強い
- ◆ 理想に向けて努力する
- ◆ 心が折れやすい
- ◆ 自尊感情が高い
- ◆ 自信を喪失しやすい

下方比較 自分より能力が下の人と比較する傾向にある。

【性格の特徴】
- ◆ 自信がなく向上心に欠ける
- ◆ 現状維持で満足する
- ◆ 心が折れにくい
- ◆ 自尊感情が低い
- ◆ 差別意識をもちやすい

上方比較をするタイプは、自信があり向上心が強く、モチベーションが高い傾向があります。成長を意識し、努力を惜しまず、物事に積極的に取り組みますが、**成果を出せないと、自分を責めたり、無力感におちいるなど、精神的に自分を追いこむ危険性**もあります。

下方比較をするタイプは、自信がなく向上心に欠け、モチベーションが低い傾向にあります。自分より能力の低い人と比べて、「あいつよりマシだ」「まだ大丈夫」と安心し、現状に満足しがちです。下方比較は、努力や成長に結びつきにくいですが、**心が疲れているときや自信を回復させたいときには効果的**です。

大切なのは、上方比較と下方比較のバランスをとりながら、現実的な目標を設定し、クリアしていくことでしょう。

知りたい！ 心理学のあれこれ **1章**

10
[日常]

都会の人は地方の人より心が冷たい？

なるほど！ 「傍観者効果」などにより、周囲に人が多いほど、困っている人を助けなくなる！

　地方から都会に出てくると、「都会の人は困っている人を見ても助けない。心の冷たい人が多いのでは…」という感想をもつ人がいるといいます。これは、心理学的に本当のことなのでしょうか？

　実際に、周囲に多くの人がいるほど、困っている人を助けなくなります。困っている人を見ても、「自分でなくても、誰かが助けるだろう」という意識がはたらくためです。また、ほかの人が助けないのを見た人は、「あの人が助けないのなら、緊急事態ではないだろう」と判断してしまうのです。このように、自分以外に傍観者がいることで、**「責任の分散」が起こり、行動が抑制されてしまう心理現象を「傍観者効果」**といいます〔**図1**〕。

　さらに、異常に混み合っている都会の満員電車などでは、ヒトは周囲から大量の刺激を受けるため、膨大な情報量を処理する必要があります。心理学者ミルグラムは、このような情報過多の環境を**「過剰負荷環境」**と呼びました。過剰負荷環境下では、**ヒトは無意識のうちに、他者とのコミュニケーションを最低限に抑えようとする傾向がある**ことがわかっています。自分の関係ない人との不必要なコミュニケーションを抑えるため、あえて無関心を装う**「儀礼的無関心」**が見られるのも、過剰負荷環境下での特徴です〔**図2**〕。

人数が多いと他人に無関心になる

▶ 傍観者効果の実験 〔図1〕

心理学者のラタネとダーリーは、討議集団を2人の場合と6人の場合に分けた。そして各グループ内の1人に発作を起こす演技をさせ、援助行動を観察した。

〔2名のグループ〕

〔6名のグループ〕

全員が行動を起こした

38%の人が行動しなかった

▶ 都会の中の「儀礼的無関心」 〔図2〕

満員電車の中などの過剰負荷環境では、肩が触れたり、背中を押されたりしても、その人をじろじろ見ることはせず、お互いに無関心を装う。

過剰負荷環境

満員電車のように、情報が多すぎて処理できない環境のこと。

必要な情報以外は無視するようになる！

知りたい！ 心理学のあれこれ **1**章

交渉は食事しながら？
「ランチョン・テクニック」

なるほど！ おいしい食事で**幸せな気分**になると、
相手に対する**イメージがよくなる**！

交渉をスムーズに進めるために、最適な場所はどこでしょうか？
心理学的には、**高級レストランや料亭などで食事をしながら交渉や
商談をすれば、よい結果が出る**とされています。これが**「ランチョ
ン・テクニック」**で、心理学者ラズランが提唱しました。

なぜ、食事をしながらだと交渉がうまくいくのでしょうか？　お
いしいものを食べると、リラックスや幸福感などをもたらされ、幸
せな気分になります。このため、いっしょにいる相手に対するイメ
ージもよくなり、無意識に肯定的な反応をしてしまうのです。この
ように、**関係のないふたつの現象を、関係あるもののように錯覚し
てしまう心理作用のことを「連合の原理」**といい、この原理を利用
した交渉テクニックがランチョン・テクニックなのです〔**図1**〕。
デートでも、相手をおいしいレストランに招待したり、きれいな景
色の場所で待ち合わせたりすると、自分のイメージを高めることが
でき、とても効果的です。

連合の原理はよいイメージだけでなく、**悪いイメージにも作用**し
ます。好感度の高いタレントがCMに起用されるのも、不祥事を起
こしたタレントのCMがすぐに打ち切られるのも、連合の原理の効
果によるものです〔**図2**〕。

何かと何かのイメージが結びつく

▶ ランチョン・テクニック
〔図1〕

ランチョン・テクニックは、ビジネスや政治、外交、恋愛など、さまざまな分野で利用されている。

ビジネス

おいしい食事をした幸福感によって、相手が好意的になり、交渉をスムーズに進められる。

外交

外国の首脳をもてなすとき、豪華な晩餐会を開くことで楽しい時間を共有し、友好関係を築ける。

▶ 連合の原理 〔図2〕

関係のない何かと何かのイメージが結びついている…と錯覚してしまうこと。よいイメージにも悪いイメージにも作用する。

好感度の高いタレントを起用したCM

不祥事前

タレントのよいイメージが商品に結びつき、購買意欲につながる。

不祥事後

タレントの悪いイメージが商品に結びつき、商品のイメージも悪化する。

12
[仕事]

大事な場面では
緊張はしない方がいい?

なるほど! 過度の**リラックス**も過度の**緊張**もダメ。
状況によって「**最適な緊張**」度がある!

　大事な場面では、誰もが緊張（ストレス）を感じるもの。緊張は
「うまくやりたい」「失敗をしたくない」とプレッシャーを感じるこ
とで生まれます。しかし、実は緊張がなければ、よいパフォーマン
スは発揮できません。**パフォーマンスをよくするには、最適な緊張
が必要**なのです。この理論を、心理学では「**ヤーキーズ・ドットソ
ンの法則**」といいます〔**図1**〕。

　どの程度の緊張レベルがよいのかは、取り組んでいるものによっ
て変わります。得意なものに対しては、緊張が強くてもパフォーマ
ンスはよくなりますが、まだ慣れていないものに対しては、少しの
緊張が悪影響を及ぼします。つまり、**日頃から積み重ねた練習や、
事前の周到な準備が、緊張を味方につける方法**なのです。

　しかしどんなに練習しても、大舞台で緊張しない人はいません。
そこで近年、多くのスポーツ選手などが、一連の決まった動作をす
る「**ルーティン**」を取り入れています。ルーティンには、どんな状
況でも**決まった動作をすることで精神を落ち着かせ、集中力を高め
る効果**があります。ビジネスマンの中にも、ルーティンの効果を期
待して、「早起き」「朝の読書」「TO DOリストの作成」などを習
慣化している人が増えているそうです〔**図2**〕。

最高のパフォーマンスと最適な緊張度

▶ ヤーキーズ・ドットソンの法則 〔図1〕

最高のパフォーマンスをするには、最適の緊張度があることを示す法則。

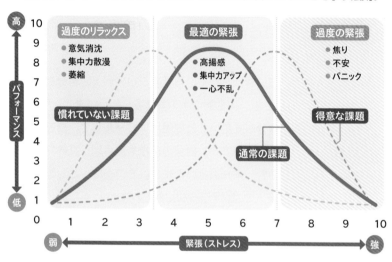

緊張しすぎたり、リラックスしすぎたりすると、パフォーマンスは下がる。また、得意な課題などでは、緊張が強い方がパフォーマンスは上がり、慣れていない課題などでは、緊張が弱い方がパフォーマンスは上がる。

▶ ルーティンの効果 〔図2〕

一連の決まった動作＝ルーティンを続けることで、考える必要なく自然と体が動くようになり、落ち着いた精神状態をつくり出せる。

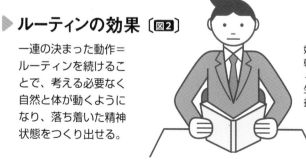

始業前の読書など、朝の時間をルーティン化することが生産性アップに有益とされる。

なぜ自分の知り合いを自慢したくなる?

なるほど！
自分との関連をアピールし、**自己評価を高めたい**という**栄光浴**が作用するから！

有名人などの高い評価を得ている「すごい人」と、自分とを関連づけたくなることを、心理学では**「栄光浴」**といいます。**「すごい人と関係のある自分もすごい」と周囲にアピールして、自己評価を上げたい**という心理作用です。自分の母校や出身地、好きな野球チームを自慢するのも、栄光浴といえます。その逆に、ヒトは、世間的に評価が低い友人とは、「そんなに親しいわけじゃない」とアピールするなど、距離をつくりたいと思うものなのです。

一方で、同期の同僚が出世した場合には、自分が同僚より会社から評価されていないことを意味します。つまり、**同僚の出世によって自己評価が下がった**と感じ、ストレスが高まります。

心理学者テッサーは、こうした自己評価の心理を**「自己評価維持モデル」**として理論化しました。自己評価維持モデルでは、**「相手との心理的距離」「自己関連性（課題との関与度）」「遂行（成績）」**という3要素で自分を評価すると考えます。

同窓生が有名人の場合は、心理的距離が近く、自己関連性が低いので栄光浴がはたらきます。同期の同僚も心理的距離は近いですが、**「会社の仕事」という同じ課題に取り組むために自己関連性が高くなり**、このような場合にはストレスを感じてしまうのです〔**右図**〕。

誰もが自己評価を高めたい

▶ 自己評価維持モデルと栄光浴

「相手との心理的距離」が近く、相手の「遂行（成績）」が優れている場合、「自己関連性」の高低によって自己評価が逆になる。

同窓生が有名人の場合	同期の同僚が出世した場合

心理的距離	近い
相手の遂行	高い
自己関連性	**低い**

心理的距離	近い
相手の遂行	高い
自己関連性	**高い**

栄光浴がはたらき、相手の遂行（成績）の高さによって、自己評価が上がる

自己関連性が高いため、相手の遂行（成績）の高さによって、自己評価が下がる

自己評価が下がった場合の調整法

心理的距離 相手を遠ざけるなどして距離を置く。

遂行（成績） 自分が努力して成績を上げる。または相手をおとしめる。

自己関連性 課題への関心を低くする。

相手のマネをすると
好感度が上がる？

**なる
ほど!** ヒトは**同じ趣味や仕事**だと親しみを感じる。
しぐさや口グセが似た人にも好意を抱く！

　ヒトは自分と似た外見の他人を好きになる傾向があります（➡
P18）。それだけでなく、「類は友を呼ぶ」というように、**趣味や
仕事、出身地などに共通点がある他人にも親近感を抱きます**。これ
を心理学では**「類似性の法則」**といい、心理学者ニューカムが提唱
しました〔**図1**〕。趣味などが同じだと、「自分の価値観と同じ人」
だと判断し、自分を肯定する存在だと感じて好意を抱くのです。

　類似性の法則を、日常の人間関係に応用した心理学のテクニック
が**「ミラーリング」**です。ミラーリングとは、**相手のしぐさや口ぐ
せ、会話のテンポなどを鏡のようにマネること**。類似性の法則によ
り、相手からの好意を得やすくなりますが、あまり露骨に相手のマ
ネをすると不快に思われるので注意が必要です。不自然にならない
程度に、さりげなくすることが大切です〔**図2**〕。

　また、付き合いの長いカップルは、長い時間をかけて相手を受け
入れているので、**無意識のレベルで、行動だけでなく、口ぐせや会
話のテンポまで似てきます**。これを心理学では**「シンクロニー現象」**
といいます。例えば、LINEでお互いに同じタイミングで同じ話題
を送信し合うようなことが起きても、それは偶然ではなく、シンク
ロニー現象によるものと考えられます。

好きになるポイントは「類似性」

▶ 類似性の法則の実験〔図1〕

ニューカムは、新しく学生寮に入った学生を対象に「どうやって友人関係を築くか」を調査した。

入居直後

部屋が同じなど、物理的距離の近い人が友人に選ばれた。

数か月後

趣味や価値観などの近い人が友人に選ばれた。

長期的な友人になるのは、価値観が同じ人！

▶ ミラーリング〔図2〕

相手のしぐさや口ぐせ、会話のテンポなどを鏡のようにマネると、相手から好意を得やすい。

そうかも！　そうかも！

ミラーリングの実用例

◆ しぐさや動作、表情をマネる

◆ 会話のテンポを合わせる

◆ 声のトーンを合わせる

◆ 「おうむ返し」をする

◆ 同じメニューを注文する など

知りたい！ 心理学のあれこれ **1章**

15
[恋愛]

ドキドキすると恋に落ちる？「つり橋効果」のしくみ

スリルによるドキドキを**つり橋効果**によって、**恋愛感情**が原因のドキドキだと**錯覚**する！

好きな相手をデートに誘うには、どんな場所がいい？ それは**「いっしょにドキドキできる場所」**。よく聞く**「つり橋効果」**というものですが、どういう理論なのでしょうか？

心理学者のダットンとアロンは、安全な橋と、不安定なつり橋を1人で渡ってきた男性に、橋の中央で女性がアンケートを取るという実験を実施しました。女性は男性に電話番号を渡し、「アンケート結果を知りたければ、後日、電話をください」と伝えます。すると、つり橋を渡った男性の方が電話を多くかけたのです〔**図1**〕。

これは、**つり橋が揺れたスリルでドキドキしたのを、恋愛感情によるドキドキと錯覚**し、女性に好意をもったためです。ある現象が起きたとき、ヒトはその原因を推測しようとします。これは**「帰属」**という心理作用です。つり橋効果は、ドキドキという現象の原因を、スリルではなく恋愛感情だと推測、つまり、かんちがいしてしまったのです。このような錯覚を、**「錯誤帰属」**といいます。

つり橋のようなスリルを感じる場所だけでなく、スポーツ観戦やコンサートなどをいっしょに観戦するのもオススメです。心拍数が上がって楽しい気分になると、「この人がいっしょだから楽しい」と錯誤帰属が起こりやすくなるためです〔**図2**〕。

ドキドキの原因をかんちがい

▶ つり橋効果の実験〔図1〕

安全な橋と、不安定なつり橋を渡ってきた若い男性に対して、橋の中央で待つ女性がアンケートを依頼した。女性は「結果を知りたければ、後日、電話をください」と伝えた。

電話をください

電話をかけた男性の割合

安全な橋を渡ったグループ
16人中2人 …… 12.5%

つり橋を渡ったグループ
18人中9人 ……… 50%

つり橋を渡るスリルによるドキドキ ▶ 恋愛感情によるドキドキと錯覚!

▶ 錯誤帰属〔図2〕

興奮、歓喜、幸福感などを抱く状況だと、「相手がいるから楽しい」という錯誤帰属が起きやすい。

錯誤帰属を起こしやすいデート
◆ おばけ屋敷やホラー映画
◆ スポーツ観戦、コンサート
◆ いっしょにお酒を飲む
◆ 山歩きなどのアウトドア など

知りたい! 心理学のあれこれ **1章**

Q にせの薬を飲んだ患者のうち、効果が出た割合は？

| 1割 | or | 3割 | or | 8割 | or | 効果なし |

ある新しい薬を数人が試しに飲んで、効果を測定する実験を行いました。しかし、実はその薬はにせもの。有効成分がまったく含まれていないものでした。さてこのとき、薬の効果が出た人の割合は何割だったでしょうか？

有効成分がまったく含まれていない薬を**「偽薬」（プラシーボまたはプラセボ）**といいます。有効成分がないので、症状が改善するわけがない…と思ってしまいますが、実際には**「この薬には効き目がある」と思いこみ、症状が改善することがある**のです。これを**「プラシーボ効果（プラセボ効果）」**といいます。

なぜ、偽薬で症状が改善するのかは諸説あります。もともと治りかけていたとか、思いこみにより患者の自然治癒力が上がったとか、さまざまな要因が考えられますが、心理的な要因が大きいとされています。

　ちなみに偽薬の投与は、**治験**（新薬の効果を調べる臨床試験）で使用されます。新薬の効果が、偽薬の効果より上回っていれば、**新薬の本当の効果を科学的に証明できる**わけです〔**下図**〕。

治験による新薬の効果

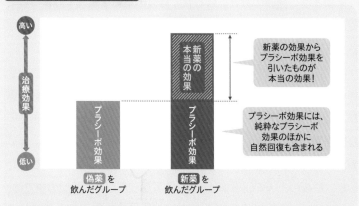

高い

治療効果

低い

新薬の本当の効果

プラシーボ効果

プラシーボ効果

新薬の効果からプラシーボ効果を引いたものが本当の効果！

プラシーボ効果には、純粋なプラシーボ効果のほかに自然回復も含まれる

偽薬を飲んだグループ　　**新薬**を飲んだグループ

※治験では、客観的なデータを求めるため、誰に偽薬を投与したのか、患者にはもちろん、医師や看護師、薬剤師にも知らされません。

　偽薬であっても、薬の効果を信じる患者ほど症状が改善するといわれます。逆に、効果を疑って飲むと、副作用が起きやすいといわれます。**偽薬を飲んで有害作用が出ることを、「ノセボ効果」**といいます。

　病気や薬の種類にもよりますが、偽薬を飲んだ人の３割くらいは症状が改善するといわれます。

よく聞く「同調圧力」ってどういうもの？

なるほど！

「同調」という心理作用を利用して、
自分たちの意見に合わせるよう**誘導**すること！

「日本は同調圧力が強い」といわれますが、**「同調」**とは何でしょう？ **同調とは、周囲の意見に合わせて自分の意見を変えてしまうこと**で、あらゆるヒトにはたらく心理作用です。同調を利用して、少数意見をもつ人を暗黙のうちに抑えることが**「同調圧力」**です。

同調については、心理学者アッシュの実験が有名です。7人の参加者に、1本の直線が書かれたカードを見せた後、3本の直線が書かれたカードを見せ、その中から最初のカードの直線と同じ長さの直線を選ばせるというもの。1人でやった場合の正解率は、ほぼ100%でしたが、協力者6人に順番にわざとまちがった回答をさせると、最後の1人の正解率は63%に下がりました。**集団の中では、ヒトは多数派の意見に合わせて、まちがった判断をしてしまう傾向がある**のです〔**図1**〕。

同調が起きる理由には、**「情報的影響」**と**「規範的影響」**のふたつがあります。情報的影響とは、**自分の判断に自信がないとき、ほかの人の判断を参考にすること**です。例えば、有名店の行列に並んでしまうのは、この影響です。規範的影響とは、**自分が属している集団の期待に応えたいという欲求**で、かんたんに言えば、「自分だけ目立って仲間はずれにされたくない」という心理です〔**図2**〕。

ヒトは多数派の意見に同調しやすい

▶ 同調の実験 〔図1〕

アッシュは、7人の参加者に、1本の直線が書かれたカードを見せた後、別のカードに書かれた3本の直線から、同じ長さの直線を順番に選ばせた。

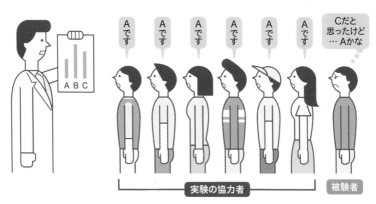

Aです

Aです

Aです

Aです

Aです

Aです

Cだと思ったけど… Aかな

A B C

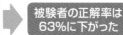

実験の協力者

被験者

最初の6人は実験の協力者で、わざとまちがった回答をした。

被験者の正解率は63%に下がった

協力者のうち1人に正解を答えさせると、被験者の正解率は95%に上がった。1人でも意見が一致すれば同調は弱まることがわかる。

▶ 同調を引き起こす2種類の原因 〔図2〕

情報的影響

自分の判断に自信がないとき、他人の判断を参考にすること。有名店の行列に並ぶ心理。

規範的影響

自分の属する集団からの期待に応えたいという欲求のこと。同僚が残業するので、自分も残業する心理。

他人に厳しくしたくなる？
「行為者−観察者バイアス」

**なる
ほど！** 他人の行動は「性格」や「能力」が原因で、
自分の行動は「状況」が原因だと考えがち！

　同僚が仕事でミスをしたとき、「あいつは、そそっかしいから、そのせいだ」などと思うことがありますよね。その一方で、自分がミスをしたときには、「上司の指示がわかりにくかったせいだ」などと考えてしまうことはありませんか？　このように、ある種、**「他人に厳しく自分に甘い」**評価をしてしまうことも、心理学的な効果によるものです。

　ヒトには、ある現象が起きたとき、その原因を知りたくなる**「帰属」**（➡P42）という心理作用があるので、行動の原因を知りたいと考えます。このとき、同じ行動であっても、**他人の行動は「性格」や「能力」が原因**だと根拠なく考え、**自分の行動は「状況」や「できごと」など、自分以外に原因**があると考える傾向があるのです。これを、心理学者ニスベットは、**「行為者−観察者バイアス」**と呼びました〔**図1**〕。

　また、ヒトは、成功したときには自分の能力によるもので、失敗は他人や環境によるものだと考える傾向にあります。これを**「自己奉仕バイアス」**といいます〔**図2**〕。つまり誰もが、「他人には厳しく、自分には甘い」のです。これを避けるには、第三者の視点で考え、状況を客観的に理解するよう努めることが重要です。

他人には厳しく、自分には甘い

▶ 行為者−観察者バイアス 〔図1〕

同じ失敗でも、他人の失敗は内面に原因があると考え、自分の失敗は周りの環境に原因があると考えてしまう傾向のこと。

他人の失敗

そそっかしいから失敗するんだよ…

相手の性格のせいで失敗したと考える!

自分の失敗

指示がわかりにくいせいだよ…

相手の行動のせいで失敗したと考える!

▶ 自己奉仕バイアス 〔図2〕

成功は自分のおかげだと考え、失敗は他人のせいだと考える傾向。

自分の成功

「いい点数が取れたのは、自分ががんばったからだ」など、**成功は自分の努力と能力のおかげ**だと考える。

自分の失敗

「こんな変な問題をつくる先生が悪い」など、**失敗は他人のせい**だと考える。

18 [仕事] 叱り方にも心理学的な コツがある?

なるほど! 基本的に叱ることは**デメリットが多い**。
叱るなら相手を尊重して、すぐ、手短に!

仕事において、ミスをした部下や後輩を効果的に叱る方法はあるでしょうか? 叱ることは、心理学的にいうと外的な要因でヒトに行動を起こさせる**「外発的動機づけ」**（⇒P16）ですが、現在の心理学では、**「叱る」**より**「ほめる」**方が、能力を引き出せることがわかっています。ですので、どうしても必要なときだけ、心理学を応用して叱るようにしましょう。

まず、**周りに人がいないところで叱る**こと。ほかの社員のいる前で叱ることは、相手に恥をかかせ、モチベーションを下げることにつながります。また、**すぐに叱ることも大切**。ある行動をした直後に嫌なことがあると、その行動をしなくなるという**負の強化**（⇒P77）がはたらき、効果が期待できるのです。ほか、叱られるのは誰でも不快なので、**手短に叱る**ことも重要です〔**図1**〕。

ミスを指摘するだけでなく、**「ほめる→叱る→ほめる」**といった感じで、叱る言葉の前後をほめ言葉で包むと、相手が自尊心を保った状態を維持できるので、言葉が相手に届きやすくなります。

また、**叱るときは目線の高さを同じ**にしましょう。見下ろされた状態で叱られた相手は「尊重されていない」と感じます〔**図2**〕。「あなたを尊重しています」という配慮を示すことが大切です。

叱るときの心理学的テクニック

▶ 有効的な叱り方 〔図1〕

相手の感情に配慮しながら叱ることで、叱責の言葉が伝わりやすくなり、同じミスを防ぐことにつながります。

1 他人がいないところで叱る

ほかの社員のいる前で叱ると、相手に恥をかかせ、モチベーションを下げることになる。

2 すぐに叱る

「負の強化」の法則により、ミスをした直後に叱ると効果が高い。

3 短く叱る

叱責を受けることは、誰にとっても不快なことなので、理由をしっかり伝えて手短に叱る。

▶ ダメな叱り方 〔図2〕

叱るときは相手と目線の高さを同じにすることが重要。見下ろしたり、立たせたりするのはNG。感情的に罵倒したり、人格を否定するのは論外です。

❌ 相手を見下ろしながら叱る

❌ 相手を立たせたまま叱る

19 [基本] IQって、そもそも何？知能は遺伝するの？

なるほど！ IQは「知能指数」のことで知能テストの結果！
知能が遺伝するかどうか、現在もわからない！

　まったく同じ性格の人がいないように、まったく同じ知能の人も存在しません。心理と知能は密接に関係します。このため心理学では、知能を研究する**「知能心理学」**も重視されてきました。知能の高さを表す**「IQ」**も、知能心理学で開発されたものです。

　IQとは**「知能指数」**のことで、**知的活動の一部を測定し、数値化した検査結果**です。文字や図形を使ったテストで測定し、IQ100が平均値。それより高いと学習能力などが高いとされますが、IQの値が高いからといって、総合的な知能が高いとはいえません〔**図1**〕。

　知能には、大きく分けて、新しい問題を解くための思考力・想像力である**「流動性知能」**と、蓄積されている知識や情報を活用した理解力である**「結晶性知能」**の2種類があります。また、「知能は遺伝によって決まるのか、環境によって決まるのか」という研究は古くから続けられていますが、現在も結論は出ていません。

　近年、IQに対しては、「創造力・社会性が測れていない」などの批判があり、重視されなくなっています。心理学者スタインバーグは、知能を現実的に把握するには、**「分析的知能」**だけではなく、**「実践的知能」**や、**「創造的知能」**も重要で、この3要素が知能を構成していると提唱しました（**知能の3要素（3頭）理論**）〔**図2**〕。

「知能」をどう定義するか?

▶ IQテストの問題例 〔図1〕

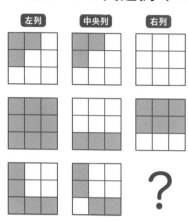

左列　中央列　右列

A　B　C

IQテストは世界中で使用されるため、言語的・文化的影響がなるべく少なくなるよう、図形や記号などが多用される。

➡ 例えば、左の問題で、「?」に入る図形がⒶ~Ⓒのどれかを問う問題がある。※答えは下の欄外。

▶ 知能の種類と知能の3要素理論 〔図2〕

心理学者キャッテルは、知能を流動性知能と結晶性知能に分類できるとした。またスタインバーグは、知能は3つの要素から構成され、実践的知能や創造的知能が、社会で成功するために重要だと考えた。

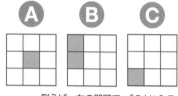

流動性知能
計算力や暗記力、直感力など、臨機応変に対応する能力。➡加齢とともに衰退

結晶性知能
理解力や洞察力、言語能力など、経験で得られる能力。➡加齢とともに上昇

分析的知能
解答のある問題に対し、知識を活用して解決する能力。

実践的知能
状況に応じて知識を活用し、現実的に問題を処理する。

創造的知能
独自の画期的な方法を発明して、問題を解決する能力。

※図1の答え: Ⓒ（左列から中央列で示した青マスを除く）

20 障害がたくさんあると
[恋愛] 恋は燃えるもの？

なるほど！ 障害を乗り越えようとする意識がはたらくと、
一時的にお互いの恋愛感情が強まる！

障害があるほど、恋は燃え上がる…などといわれますが、本当でしょうか？　心理学者ドリスコールは、140組の男女のカップルの熱愛度と障害度を調査し、お互いの両親が交際に反対しているなど、**障害が大きいほどカップルの熱愛度が高い**ことを突き止めました。このように、障害があると、それを乗り越えようとする感情が強まる心理現象を、シェイクスピアの戯曲名にちなんで、**「ロミオとジュリエット効果」**といいます〔**図1**〕。

ロミオとジュリエット効果が作用するのは、いくつかの理由が考えられます。まず、**入手しにくいものに対して高い価値を感じる**という**「希少性の原理」**（➡P74）がはたらいています。周囲の反対により、恋愛の価値が高まっているのです。また、**心の中にある矛盾を解決したい**という**「認知的不協和理論」**も影響しています。「恋愛して幸せ」「反対されて悲しい」という感情は矛盾するため、不快感が生じます。これを解消するため、「恋愛」だけを選ぶのです。このほか、**「禁止されると逆にやりたくなる」**という**「心理的リアクタンス」**（➡P74）という心理効果もはたらいています〔**図2**〕。

しかし、ロミオとジュリエット効果は一時的であり、長期的に関係を維持するには、家族や友人からの応援が助けになります。

障害が恋愛感情を強くする

▶ ロミオとジュリエット効果 〔図1〕

おもに恋愛において、障害があることで、それを乗り越えようとする意識が高まり、恋愛感情が強まる心理現象。

ロミオとジュリエット効果が作用する恋愛例

◆ 身内が結婚に反対

◆ 不倫

◆ 遠距離恋愛

◆ 年の差恋愛

◆ 恋愛禁止の学校や職場での恋愛

◆ 片思い
など

▶ ロミオとジュリエット効果が作用する理由 〔図2〕

希少性の原理

ヒトは、入手しにくいものに対して高い価値を感じるため、普通では成就しない恋愛に対して価値を感じ、感情が高まる。

認知的不協和理論

ヒトは、心の中にある矛盾によって生じた不快感を解決しようとする。このため恋愛を選んで、周囲の反対を切り捨てる。

心理的リアクタンス

ヒトは、自由を制限されると、反射的にそれを取り戻そうとする。このため、反対されるほど恋愛感情が燃え上がる。

21 嫉妬を使って関係進展?
[恋愛] 「嫉妬のストラテジー」

 なるほど! 相手に嫉妬心を起こさせることによって、停滞していた2人の関係を進展できる!

好きな人の気を引くために、嫉妬心を利用するという心理学のテクニックがあります。**「嫉妬のストラテジー（攻略）」**と呼ばれる理論です。**相手に嫉妬心を起こさせて、恋人関係になったり、マンネリを解消したりする**など、関係を進展させることができるのです。

例えば、好きな相手に、ほかの異性と親しくしているところを目撃させたり、共通の友人に「○○さんに告白されたらしいよ」と伝えてもらったりすると効果的です。また、自分の内面をありのまま打ち明ける**「自己開示」**（➡P80）を使って、「あなたにしか相談できないけど、○○さんに告白されて…」と頼ることで、心的距離を縮め、嫉妬心をあおることもできます〔**図1**〕。ただし、嫉妬のストラテジーは、嘘だとバレてしまうと信用を失うこともあるので、注意しましょう。

また、心理学者バスは調査から、男女によって何に対して嫉妬するのかに明確なちがいが見られたと主張しています。それは、**男性は女性の「肉体的な浮気」に嫉妬し、女性は男性の「精神的な浮気」に嫉妬する傾向がある**というもの〔**図2**〕。ただ男女に関係なく、過度なスキンシップを見られると、嫉妬を通り越して「軽いヤツ」だと嫌悪感を抱かれる可能性があるので、注意しましょう。

嫉妬で変わる2人の関係性

▶ 嫉妬のストラテジー 〔図1〕

ほかの異性と親しくして、相手に嫉妬心を起こさせ、好きな相手との関係を進展させるテクニック。

1
自分のことを好きだと感じる相手には、安心して行動を変えない。

2
ほかの異性と親しくしているのを知ると、「取られるかもしれない」と思い、嫉妬する。

3
独占欲がはたらき、関係を進展させようとする。

▶ 嫉妬に関する男女のちがい 〔図2〕

バスは、男女によって何に対して嫉妬するのか明確なちがいがあり、それには理由があると考えた。

男性の嫉妬

女性の
「肉体的な浮気」
に嫉妬する

他人に愛情が移るのは我慢できるが、他人の子どもを養うことは耐え難いため。

女性の嫉妬

男性の
「精神的な浮気」
に嫉妬する

肉体関係だけなら我慢できても、経済的な安定がおびやかされることを最も恐れるため。

057

ファッションで性格診断。
あなたが好きな服は？

あなたが好きなファッションから、性格や心理状態が表れるといわれています。あなたは、どのファッションが好きですか？

❶ 地味な色や形の服

❷ ブランド物の高価な服

❸ カジュアルな服

❹ 流行・トレンドの服

❺ 派手な色や形の服

診断結果

❶ 地味な色や形の服 ➡ 自信家。頑固。自己主張が強い！

❷ ブランド物の高価な服 ➡ 自信がない。高級な人間でありたい！

❸ カジュアルな服 ➡ さみしがり屋。周囲から好かれたい！

❹ 流行・トレンドの服 ➡ 自己主張が苦手。周囲と同調したい！

❺ 派手な色や形の服 ➡ 情緒不安定。明るく、活発と思われたい！

[解説]

ヒトは誰も、**自分自身の身体に対するイメージ**をもっています。これを心理学では**「身体像」**といい、身体像と外界とを隔てる境を**「身体像境界」**といいます。一般的には、服やメイク、アクセサリーなどが、身体像境界とされています。身体像境界は、外界から本当の自分を守る役割があるといわれています。

ファッションで「こう見られたい自分像」を強化する

自分の容姿や性格を肯定的にとらえ、明確な身体像をもっている人は、身体像境界がはっきりしています。しかし、自分に自信がなく、身体像境界がはっきりしていない人は、衣服を脱いだり、メイクを落としたりすると、自分の身体像が保てなくなり、不安におちいります。このため、派手な服を身にまとって、身体像境界を強化しようとするのです。つまり、ファッションで表現されているのは、**「こうなりたい自分」**や**「こう見られたい自分」**で、実際の性格は、ファッションとは逆の場合が多いといわれています。

知りたい！ 心理学のあれこれ **1**章

空気の読める人、読めない人のちがいは？

なるほど！ 「セルフ・モニタリング」能力で、空気を読む能力に差が生まれる！

「空気の読める人」「空気の読めない人」という言葉がありますよね。何がその基準やちがいなのかを説明するのは難しくありませんか？

しかしこれは、心理学者スナイダーが提唱した**「セルフ・モニタリング」**という心理学の考え方によって説明できるのです。

セルフ・モニタリングとは、自分と周囲の関係を自分で**モニタリング（監視）**すること。これにより、その場で必要とされる行動を理解し、人間関係を調整できます。つまり、空気の読める人とは、セルフ・モニタリング能力が高い**高モニター**の人。他人の気持ちを敏感に察する感受性があるため、その場に合わせて**適切なタイミングで発言・行動ができますが、周囲に流されることもあります。**

一方、空気の読めない人とは、セルフ・モニタリング能力が低い**低モニター**の人。他人の目をあまり意識せず、内面や内容、理念などを重視するため、周囲に合わせることが苦手で、**自己中心的・マイペース**などと周囲から責められることがあります。しかし、**自分の意見を主張し、自分の信じる道を突き進むことができる**のは、空気の読めない人の方なのです〔**図1**〕。

また、自分の行動や活動を客観的に記録する**「セルフ・モニタリング法」**を用いると、モチベーションの維持に効果的です〔**図2**〕。

「高モニター」と「低モニター」

高モニターと低モニターのちがい〔図1〕

高モニター

他人の気持ちを敏感に察し、適切に発言・行動ができるが、自分の意見を言えず、優柔不断になりがち。

低モニター

他人の気持ちを察するのが苦手で、空気が読めないが、どんな状況でも、自分の意見をしっかり言える。

セルフ・モニタリング法〔図2〕

強化したい行動を、その経過を記録することで評価していく方法。短期的に効果が見えにくい場合でも、記録を継続することで、客観的に成果を確認でき、モチベーションの維持につながる。

ウォーキング

歩数と距離を記録する。

受験勉強

勉強内容と時間を記録する。

ダイエット

体重と食事内容を記録する。

知りたい！ 心理学のあれこれ **1**章

23
[仕事]

上手な仕事の断り方?
「アサーション」の活用

なるほど! 「アサーション」とは、自分のことも相手のことも考えながら**適切に主張**すること!

　忙しいのに急に大量の仕事を頼まれたら、やりたくてもできません。でも「断ると悪いから…」と無理を承知で引き受けてしまうこと、ありませんか?　結局できなかった場合、相手に迷惑をかけ、信頼も失います。**できないときは、断る勇気が必要**なのです。

　そのために、相手を不快にさせることなく断る心理学のテクニックが**「アサーション（主張的反応）」**です。アサーションとは、**お互いの価値観を尊重しつつ、自分の意見を適切に主張する方法**のことです。具体的には、まず、心をこめて謝罪すること。そして、断らなければならない理由を客観的な事実として説明します。このとき、「依頼されてうれしいが、今の状況だと迷惑をかけてしまう」など、素直に自分の感情を伝えます。実現可能なスケジュールなど、代替案もいっしょに伝えられるとベストでしょう。

　アサーション状況に対応するタイプは3つ。アサーションを実行できる**アサーティブ**のほか、自分の都合を一方的に主張する**「アグレッシブ（攻撃的主張）」**、相手の言いなりになる**「ノン・アサーティブ（非主張的反応）」**があります〔**右図**〕。近年、ビジネスの現場で必要とされる対応は、コミュニケーション能力の高いアサーティブであるともいわれています。

「反応」はコミュニケーション能力

▶アサーション状況に対応する3タイプ

アサーティブ

タイプ 1
アサーティブ（主張的反応）

◆ 素直に自分の気もちを表現する
◆ 自己主張しつつ、相手を尊重する
◆ 自分の責任で行動する
◆ コミュニケーション能力が高い

相手を尊重しつつ、自分の意見を主張できる

タイプ 2
アグレッシブ（攻撃的主張）

◆ 思ったことを一方的に主張する
◆ 他人の欠点を指摘する
◆ 抑圧的な態度を取る
◆ 他人に責任を転嫁する

高圧的な態度で、相手を萎縮させてしまう

アグレッシブ

タイプ 3
ノン・アサーティブ（非主張的反応）

◆ 自己を主張せず、他人に従う
◆ 他人任せになり、自主性がない
◆ 言い訳が多く、他人を責める
◆ 弱い立場の人を理解できる

受け身の態度で、他人の意見に従ってしまう

ノン・アサーティブ

「PM理論」で上司のタイプがわかる?

なるほど! 「目標達成機能」と「集団維持機能」という2つの機能で、**リーダーシップを分類できる!**

あなたの上司は、どのようなタイプでしょうか?

リーダーシップを発揮する上司のタイプを分類するために、心理学者の三隅二不二は、「**PM理論**」を提唱しました。これは**P機能**(目標達成のために部下にはたらきかけること)と、**M機能**(集団存続のために部下に配慮すること)のバランスにより、リーダーシップが成り立っているという理論です〔**右図**〕。

P機能が高い上司は、**結果を出すために積極的に行動し、部下を叱咤激励しながらチームを引っ張ります**。M機能が高い上司は、**部下のストレスを和らげ、チームワークを重視して仕事を進めます**。理想的なのは、どちらの機能も高い「PM型」の上司ですが、現実には少ないでしょうし、また状況や仕事内容によっても変化します。

ただ、どのようなタイプの上司であっても、人間関係が悪化すれば、自分の実績も低下してしまいます。仕事をするうえで、**上司と良好な人間関係を築くこと**は重要です。問題がある場合は、PM理論によって、自分の上司がどのタイプなのかを冷静に見極め、そのタイプに合う接し方をするとよいでしょう。

PM理論は、上司の分類だけでなく、**自分がリーダーシップを発揮するために必要な資質を伸ばす**ことにも役立てられます。

4タイプあるリーダーシップ

▶ PM理論による上司の4タイプ

PM理論によってリーダーシップは4つに分類できる。大文字Pは目標達成機能が高く、大文字Mは集団維持機能が高いことを示し、小文字pと小文字mは、それぞれの機能が低いことを意味する。

M機能（集団維持機能）

↑ 高い

pM型
（平和主義タイプ）

人望があり、チームワークを維持できるが、目標達成の意識が弱い。

接し方
- 上司に賛同して好印象を与える
- 積極的に仕事に参加し、チームの成果を出す

PM型
（理想の上司タイプ）

目標を明確に掲げて成果を出せる。集団をまとめる能力も高い。

接し方
- 上司の指示に積極的に従う
- 上司の考え方を学ぶ

← 低い　　　　　　　　高い →

P機能（目標達成機能）

pm型
（上司失格タイプ）

目標を達成する能力や積極性がなく、集団をまとめる力もない。

接し方
- 同僚と協力して、チームの仕事の質を高める
- 前向きに仕事に取り組む

Pm型
（仕事人間タイプ）

積極的に仕事に取り組むが、部下やチームワークへの配慮に欠ける。

接し方
- 上司と積極的にコミュニケーションを取る
- チームのまとめ役を進んで引き受ける

低い ↓

25
[自分]
ストレスから心を守る?
「防衛機制」のしくみ

 なるほど! 「抑圧」「合理化」などの防衛機制で、
さまざまな負荷から心を守っている!

　ヒトは欲求が満たされなかったり、危機に直面したり、葛藤や心の痛みを感じたとき、自分を守ろうとする **「防衛機制」** と呼ばれる心理がはたらきます。防衛機制は精神科医フロイト（➡P96）の研究から生まれた概念で、さまざまな種類があります〔**右図**〕。

　「抑圧」 は、**不安となる体験や感情を無意識に押しこめること** です。例えば、つらい過去を忘れてしまうようなことです。

　「合理化」 は、欲求が満たされないとき、自分を納得させる理由をつくりあげることです。例えば、フラれたときに、「（相手の）性格が悪そうだ」などと、自分を納得させることをいいます。

　「反動形成」 は、自分の欲求とは反対の行動をとることです。例えば、好きな相手に冷たい態度をとったりすることです。

　「知性化」 は、専門用語や抽象語を使って、自分の素直な欲求や感情に向かい合うことから逃げることです。例えば、彼女がほしいのに、「恋愛とは…」のように、理屈っぽく語ってしまうことです。

　このほか、あこがれの人物になりきる **「同一化」** や、空想やギャンブルによる **「逃避」** などもあります。防衛機制は、**ストレスから心身を守るために必要な心のはたらき** ですが、周囲に迷惑をかけている行為なら、自分を見つめ直してちがう方法を探しましょう。

ストレスを回避する心理作用

▶ 防衛機制のおもな種類

ストレスから身を守るための防衛機制は、ここに紹介したもの以外にも数多くの種類がある。

抑圧
思い出したくない過去の体験や記憶を無意識に押しこめる。

合理化
思いどおりにならない現実に対して、もっともらしい理屈をつける。

反動形成
本心とは正反対の行動や言動をして、欲求を抑えようとする。

知性化
専門用語などを使って、知性の世界へ逃げて、欲求を抑えこむ。

同一化
他人の好ましい特性を自分のものと思いこむ。

逃避
現実から目を背けて、娯楽などに逃げようとする。

投影（投射）
受け入れ難い感情を、他人に押しつけること。自分が嫌いなのに、「あの人は私を嫌っている」と思うことなど。

退行
子どものように振る舞って、自分を守ろうとすること。困難が起きたときに泣きわめくなど。

昇華
不安や葛藤を社会的に価値のあるものに転化する。性的な欲求を芸術として表現するなど。

補償（代償）
不得意なことを、ほかの行為で補おうとすること。勉強が苦手だからスポーツに打ちこむなど。

置き換え
欲求や不安の対象を、別の対象に置き換えること。失敗を他人のせいにしたり、物にやつあたりするなど。

否認
受け入れられない現実を認めようとしないこと。重病を告知されても、そんなはずないと思うことなど。

興味のある言葉は
騒がしくても聞こえる?

なるほど! 「カクテルパーティー効果」で、耳に入る音は
必要度・重要度によって**取捨選択**されている!

　大勢の人が参加しているパーティーでも、自分の興味のある人の会話や、自分の名前などが自然に耳に入ることはありませんか? これは、ヒトの脳が、耳に入ったすべての音の中から、**必要度・重要度の高い音と、そうでない音を無意識に取捨選択**しているためと考えられます。これを心理学では**「カクテルパーティー効果(選択的注意)」**といい、心理学者コリン・チェリーの実験によって提唱されました〔**図1**〕。

　カクテルパーティー効果は、恋愛に活用できます。会話の中で、**さりげなく意中の相手の名前を呼ぶだけで、その相手に好印象を与えられる**のです。相手の興味のある話題を出すことも効果的です。

　また、ビジネスにおいても、漠然と「キャンペーン中」「セール中」と呼びかけるのではなく、「20代の女性限定」などと、**ターゲットを具体化することで、当てはまる人の耳に届きやすくなります。**

　カクテルパーティー効果は、聴覚だけでなく、視覚にも影響があります。集合写真で自分の顔をすぐに見つけられるのも、脳が自分に興味のある視覚情報を取捨選択しているためです。Web広告もこれを利用していて、閲覧履歴などから、その人に興味のある分野の広告を集中的に表示するしくみになっています〔**図2**〕。

自分に必要な情報を感知する

▶ コリン・チェリーの実験〔図1〕

被験者にヘッドホンをしてもらい、左右の耳に異なる音声を流し、右耳の音声だけを聞くように指示した。

右耳と左耳に異なる音声を流す
➡右耳に集中できる

右耳の音声
聞き取れる

左耳の音声
聞き取れない

右耳の音声を聞き取れる。

左耳の音声に被験者の名前を混ぜる
➡意識が左耳に移る

右耳の音声
聞き取れない

左耳の音声
聞き取れる

右耳の音声を聞き取れない。

自分にとって優先度の高い音声を取捨選択している！

▶ 視覚におけるカクテルパーティー効果〔図2〕

視覚にも、自分に関心や興味のあるものだけをキャッチする能力がある。Web広告は、この心理効果を利用している。

興味のない分野の広告
ただのノイズ（雑音）として、スルーされる。

興味のある分野の広告
意識が向くため目に留まりやすい。

車が好きな人は、車に関するニュースや広告が目に留まりやすい。

27 [日常] 能力が低い人ほど 自信に満ちている?

なるほど! 「ダニング・クルーガー効果」の影響で、能力が低い人ほど**能力が高いと錯覚しがち!**

ほとんどの人は、自分の能力は平均以上だと考えています。心理学者スヴェンソンが、学生に自分の運転技術を評価してもらったところ、アメリカの学生の93%、スウェーデンの学生の69%が「**自分は平均以上**」と答えました。さらに、「どのくらい安全運転をしていると思うか?」と質問すると、アメリカの学生の88%、スウェーデンの学生の77%が、「**自分は普通の人より安全運転をしている**」と答えました。このように、自分のことを過大評価してしまう心理効果を、「**平均以上効果**」といいます。

能力が高い人ほど自分を過小評価しがちで、能力の低い人ほど自分を過大評価しがちなこともわかっています。これを「**ダニング・クルーガー効果**」といい、自分自身を客観視する能力が不足するために起きます〔**図1**〕。「**成功は自分のせい、失敗は他人のせい**」と考える「**自己奉仕バイアス**」(➡P48)の一種と考えられています。

また、ある分野の勉強をはじめた時期は、「自分は他人より知識がある」という「**優越の錯覚**」におちいりやすく、「**根拠のない自信**」に満ちていますが、知識や経験が増えると、客観的に自分の能力を理解し、根拠のない自信は失われていきます。ここであきらめずに実力を磨いていくと、**本物の自信**がつくのです〔**図2**〕。

能力が低いと<u>自信過剰</u>になる

▶「ダニング・クルーガー効果」の実験〔図1〕

心理学者のダニングとクルーガーは、65人の学生に30個のジョークを読ませ、理解度を測定。さらに、自分のユーモアセンスを自己評価させた。

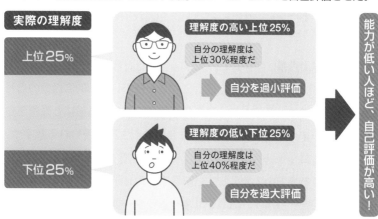

実際の理解度

上位25%

下位25%

理解度の高い上位25%

自分の理解度は上位30%程度だ

➡ 自分を過小評価

理解度の低い下位25%

自分の理解度は上位40%程度だ

➡ 自分を過大評価

能力が低い人ほど、自己評価が高い！

▶ 習熟度による自信の度合いの変化〔図2〕

習熟度と自信の度合いの変化によって、ダニング・クルーガー効果をグラフで示すことができる。

自信の度合い

根拠のない自信
自分には知識があり、他人より優れていると錯覚する

本物の自信
本物の実力を身につけることで、本物の自信がつく

自信喪失
自分の能力を客観視できるようになり、自信を失う

素人

習熟度

専門家

28 [日常] 誰もが自分の名前が好きなもの？

なるほど！ 「ネームレター効果」で似た名前に好感をもつ。「ネームコーリング」されると心地よく感じる！

「平均以上効果」（➡P70）によって、ほとんどの人は「自分は平均以上だ」とうぬぼれた自己評価をしがちで、基本的に自分のことが大好きです。このため、**ヒトは無意識に自分の名前にも愛着**をもちます。また、名前だけでなく、自分の誕生日に使われる数字や、自分のイニシャルのアルファベットにも愛着をもちます。さらに、自分に似た名前の人や、誕生日の数字、同じイニシャルの他人などにも好感をもちます。これを**「ネームレター効果」**といいます。

ネームレター効果を応用したテクニックに、**「ネームコーリング」**があります。ヒトは他人から自分の名前を呼んでもらうと、特別感を感じて心地よく思います。**会話の中で相手の名前を入れるだけで、相手との距離感を縮められるのです**。自分の興味のある情報は聞き取れるという**「カクテルパーティー効果」**（➡P68）と同様、名前を呼ぶことは、好感度を高めるために有効なのです〔**図1**〕。

さらに、**名字ではなく、下の名前（またはニックネーム）で呼び合うと、より親密な関係を築くことができます**。職場でいきなり女性を下の名前で呼ぶとセクハラになることもありえますが、恋人関係になった場合は、お互いを下の名前やニックネームで呼び合うと、関係が長続きしやすいことが調査で明らかになっています〔**図2**〕。

名前を呼ぶことの重要性

▶ ネームコーリング〔図1〕

名前で呼びかけたり、会話に相手の名前を入れると、好感度がアップする。

佐藤さん

ちょっといいですか？

実用例

「○○さん、おはようございます」など、日常的なあいさつに入れると効果的。

「□□さんは、どう思いますか？」など、疑問文のときにも名前を入れやすい。

注意点

必要以上に名前を呼ぶと、わざとらしく思われる。

「あなた」「君」など、誰でも使える呼び方は、相手に無関心だと思われて逆効果になる。

▶ 名前を呼び合わないカップルの傾向〔図2〕

心理学者キング・チャールズの調査によると、お互いを下の名前で呼び合わないカップルは、86％が5か月以内に別れていた。

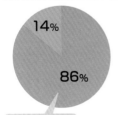

下の名前で呼び合わないカップルの破局率

14％

86％

5か月以内に破局

ママはさあ…

パパはさあ…

日本では結婚して子どもが生まれると、お互いを「ママ」「パパ」と呼び合うことが多いが、調査によると、名前で呼び合う方が夫婦関係の満足度が高い。

29 [仕事] 商品を買わせるための心理テクニックがある？

なるほど！ 希少価値を高める「**希少性の原理**」や、反発心を利用する「**心理的リアクタンス**」がある！

　購入を迷っている客に、「買おう！」と決断させるには、どんな方法が効果的でしょうか？ 「今、大人気」「売れてます」など、「**同調**」（➡P46）を利用する方法もありますが、「**希少性の原理**」と「**心理的リアクタンス**」（➡P54）を利用するのも効果的です。

　希少性の原理とは、生産量・流通量が少なく、**手に入りにくいものは価値が高まり、魅力的に見える**という心理です〔**図1**〕。「最後の1点」「限定10名」「期間限定」などのうたい文句で売られている商品に希少性を感じて、手に入れたくなるのです。店によっては、購買意欲を高めるため、意図的に品薄状態をつくるところもあるそうです。

　心理的リアクタンスとは、**制限された自由を取り戻そうとする心理作用**のことで、心理学者ブレームが提唱しました〔**図2**〕。「期間限定」など、店側に購入の制限をされると、商品を買う客の立場としては、「買う」「買わない」という選択の自由を奪われるように感じてリアクタンス（抵抗）したくなります。客は**「買う自由」を奪われたくないため、そうならないうちに、商品を買ってしまう**のです。つまり、商品を買わせるには、客に選択権があるように思わせることがポイントなのです。

希少価値を高め、客に判断させる

▶「希少性の原理」の実験〔図1〕

心理学者ステファン・ウォーチェルは、被験者の半数に10枚のクッキーが入ったビンから1枚を与え、残りの半数には2枚のクッキーが入ったビンから1枚を与えた。クッキーはどちらも同じものだった。

10枚から1枚を食べたグループ

普通に満足する

2枚から1枚を食べたグループ

満足感が大きい

結果 2枚から1枚を食べたグループの方が味の評価が高かった！

▶ 心理的リアクタンス〔図2〕

心理的リアクタンスとは、指示や命令には逆らいたくなるという心理。ヒトは、「自分のことは自分で決めたい」という欲求があり、これが侵される指示や命令にはストレスを感じて逆らいたくなる。

立入禁止

心理的リアクタンスの例

◆ 勉強する気になっていたのに、「勉強しろ」と言われると、やる気を失う。
◆ セールスマンに「こちらがお得」とすすめられると、拒否する。
◆ 友人に「あなたはやさしい人」と言われると、反発心を抱く。

Q 社員の能力を伸ばすには、どの方法が最も効果的？

| ほめる | or | 叱る | or | 放任する |

ある会社の社長に上りつめたあなた。社員たちの能力を伸ばすために、「ほめる」のか「叱る」のか、はたまた「放任する」のがよいのか、方針を決めあぐねています。さて、心理学的にどの方法で接することが一番よいのでしょうか？

　社員や部下の能力を伸ばすには、**「ほめる」「叱る」「放任する」**の、**どれが一番効果的**なのでしょうか？　報酬や懲罰を与えることは、ヒトの行動にどのような影響があるのでしょうか？　それを確かめるため、心理学者スキナーは、レバーを押すとえさの**チーズ**が出るしくみの箱にネズミを入れて実験をしました。

すると、このしくみを学習したネズミは、何度も自発的にレバーを押しました。次に、レバーを押すと**電気ショック**が起こるしくみにしたところ、ネズミはレバーを押さなくなりました。この結果、スキナーは、**ヒトを含む動物は、報酬や懲罰を与えることで自発的に行動を変化させる**と主張しました。この理論は**「オペラント条件づけ」**と呼ばれます〔**下図**〕。

オペラント条件づけの実験 ※オペラントとは、オペレイト(操作する)の派生語。

レバーを押すとチーズが出ることを学習したネズミは、何度もレバーを押すようになる。

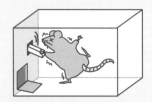

次に、レバーを押すと電気ショックが起きるようにすると、ネズミはレバーを押さなくなる。

オペラント条件づけのうち、報酬によって行動を強化させることを**「正の強化」**、懲罰によって行動を減少させることを**「負の強化」**といいます。つまり、報酬を与える回数を増やせば、その行動は増え、罰を与える回数を増やせば、その行動は減るのです。また、**行動の強化には、行動の直後に賞罰を与えることが効果的**です。

では、報酬と懲罰では、どちらの方が効果的なのでしょう？ 心理学者エリザベス・ハーロックは、子どもたちを「ほめて教育するグループ」「叱って教育するグループ」「放任するグループ」に分けて、5日間、計算問題を解かせました。その結果、**成績の順序は「ほめる」「叱る」「放任」**となりました。つまり、「放任する」「叱る」より、「ほめる」方が学習意欲を高め、能力を伸ばせるのです。

知りたい！ 心理学のあれこれ **1**章

何度も会うと好きになる？
「単純接触の原理」

なるほど！ 日常的に**何度も会っている他人**に対しては、**警戒心**がなくなり**好意**を抱きやすくなる！

　お互いにひと目惚れしてすぐに恋人同士に…といったことは、恋愛ではまれなことでしょう。相手に好感をもってもらうには、第一印象が大事（**初頭効果**➡P20）ですが、ほかにもコツはあります。

　恋愛関係に発展させるには、初対面だけでなく、積み重ねも大事です。ヒトは、**日常的に何度も顔を合わせている他人に対して、好意を抱きやすくなります**。何度も会うことで警戒心がなくなり、無意識に好意をもつようになるのです。これを、**「単純接触の原理」**といい、心理学者ザイアンスが提唱しました。

　ザイアンスは、被験者に、面識のない人物の顔写真を回数を変えて見せる実験をしました。すると、**顔写真を見せた回数の多かった人物ほど、好感度がアップしたのです**〔**図1**〕。

　物理的な距離が近い方が、心理的な距離も近くなることもわかっています。心理学者ボッサードが、婚約中の5,000組のカップルを調査したところ、33％が徒歩で行き来できる距離に住んでいたのです。さらに、お互いの距離が離れているほど、結婚が成立した確率は低かったそうです。これが、**「ボッサードの法則」**です〔**図2**〕。

　遠距離恋愛が必ず失敗するわけではありません。頻繁に会えなくても、メールなどでこまめに連絡を取り合うことが大切です。

何度も会えば、好きになる！

▶「単純接触の原理」の実験〔図1〕

ザイアンスは、被験者に、面識のない人物の写真を回数を変えて見せた。

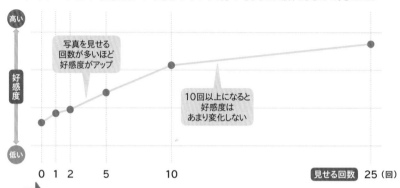

写真を見せる
回数が多いほど
好感度がアップ

10回以上になると
好感度は
あまり変化しない

好感度 高い／低い

0 1 2　5　10　見せる回数 25（回）

> 会えば会うほど好きになるが、10回以上になると効果は小さい

▶ ボッサードの法則〔図2〕

33%

婚約中の
カップルのうち、
33%が徒歩圏内
に住んでいた

徒歩圏内

ボッサードは、婚約中の5,000組
のカップルを調査し、お互いの住居
が近い方が、心の距離も近いことを
発見した。

お互いの家が
徒歩圏内にある

会う回数が増えて
単純接触の原理がはたらき、
恋愛感情が維持される

結婚に発展する！

相手と親しくなるには「打ち明け話」が有効?

なるほど！ ヒトは**プライベートな情報**を伝えられると、その相手に**好意を抱く**ようになる！

友人関係にある好きな異性と、恋愛関係に発展させるには**「自己開示」**が有効です。自己開示とは、**自分に関するプライベートな情報を、言葉によってありのまま他人に伝達する行為**のことで、心理学者シドニー・ジェラードが提唱しました。つまり、自分の内面を他人に打ち明けるとよいのです〔**図1**〕。

自己開示された人は好意や信頼感の表明とみなし、相手にとって特別な存在だと感じます。そして**「返報性の原理」**（→P24）がはたらき、相手に好意を抱き、自分も自己開示しようとするのです。

自己開示するときには、「こんなこと、○○さんにしか相談できない…」など、特別感を出すとさらに効果的です。これは、**希少性**を相手に訴えて信頼を得る手法で、**「ハード・トゥ・ゲット・テクニック」**と呼ばれます。もちろん、いきなり重い話を打ち明けられると、相手も困惑します。最初は、好きな食べ物や出身地など、軽めの情報を小出しにしていくといいでしょう。

ちなみに、自分のことをよく見せようとする**「自己呈示」**は、自己開示とは大きく異なります。**自己呈示は一種の印象操作で、意識的・無意識的に誰でもやっていること**ですが、自己呈示が強すぎると「自慢しすぎ」と思われ、信頼を失うので注意しましょう〔**図2**〕。

▶ 自己開示のポイントと注意点 〔図1〕

自己開示を効果的に活用するには、適切な方法と注意点がある。

自己開示された人は、好意や信頼感が表明されたと感じる。

自己開示は小出しに

いきなり深刻な打ち明け話をするのはNG。小出しに自己開示しながら、親密度を深めていく。

希少性を訴える

「あなたにしか相談できない」など、相手が自分にとって特別な存在だと伝える。

必ず2人きりで

大事な個人情報を伝えるときは、必ず2人きりのときに。複数の人がいる場所では信頼を得られにくい。

▶ 自己開示と自己呈示のちがい 〔図2〕

自己開示

自分のプライベートな情報をありのまま伝える言動。

苦手なことなどを正直に打ち明けると、好意を得られる!

自己呈示

「自分はこう見られたい」という目的のための言動。

高学歴などを打ち明けても自慢と思われ、好意は得られない!

32 信頼を得る説得方法？
[仕事] 「片面提示」「両面提示」

なるほど！ メリットもデメリットも伝えて説得した方が、相手からの信頼を得ることができる！

商品を売りこむときの説得方法には、**「片面提示」**と**「両面提示」**のふたつがあります〔図1〕。

片面提示とは、「機能が通常の2倍」「効き目50％アップ」「価格30％オフ」など、**メリットだけを強調する説得方法**で、即効性があります。片面提示が有利にはたらくときは、相手が商品に対する知識がないときや、相手との信頼関係があるとき、相手がすでに商品に魅力を感じているときなどです。

しかし、商品を購入後にデメリットを知ると、「だまされた！」と怒りを買い、信用を失うことになります。このため、一般的には**メリットとデメリットの両方を伝える両面提示の方が、信頼を得やすい**といわれています。

両面提示の際は、最後に与えられた情報が人の印象に大きな影響を与えるという**「新近効果」**（➡P26）を利用します。デメリットを先に伝えた後にメリットを強調する方が印象に残ります。また、**メリットとデメリットの関連性が高い方が説得力は増します**〔図2〕。

ただ、相手によって商品に求めるメリットは「低価格」だったり「多機能」だったりと、ちがいがあります。**相手が何を求めているのかを確認**してから、両面提示で説得するのがよいでしょう。

メリットもデメリットも伝える

▶「片面提示」と「両面提示」〔図1〕

片面提示
メリットだけを強調する説得方法。

高機能
カメラ付きです！

◆ 商品知識のない人に効果的
◆ 信頼を失うリスクがある

両面提示
メリットもデメリットも伝える説得方法。

高機能ですが…
容量は小さめです

◆ 商品知識のある人に効果的
◆ 相手からの信頼を得やすい

▶ メリットとデメリットを伝える順序〔図2〕

新近効果を利用して、デメリットを先、メリットを後に伝える方が効果的。

先に
デメリットを
伝える

たいへん
苦いジュース
ですが…

後からメリット
を伝える

これ1杯で
1日に必要な
栄養がとれます！

強く印象に
残る！

注意点
メリットとデメリットは関連性が低いと説得力を失う。

例
このスマホ、消費電力は高いですが、軽量化されているんです。

083

知りたい！ 心理学のあれこれ **1章**

無意識の重要性に気づいた精神分析のパイオニア

ジークムント・フロイト

（1856 – 1939）

　精神分析学を創始したフロイトは、ユダヤ系オーストリア人として現在のチェコで生まれました。ウィーン大学を卒業後、パリに留学して神経症の「ヒステリー」の治療法を学び、帰国後、ウィーンで精神科医として開業しました。当時、ヒステリーの原因は不明とされていましたが、フロイトは患者の治療を通じて、「ヒステリーの原因は幼少期の性的虐待が原因である」と考えました。そして、患者が抑えこんでいる記憶を言語化できると、症状が回復することを発見。こうして、「精神分析」を確立させました。

　やがてフロイトは、「人間の行動は無意識に支配されている」と考えるようになり、夢は無意識から現れたイメージで、心は「エス（イド）」「自我（エゴ）」「超自我（スーパーエゴ）」で構成されるという説を確立させました（➡ P96）。

　フロイトの弟子であったユング（➡ P146）や、フロイトの協力者だったアドラー（➡ P106）は、無意識の概念を継承し、発展させていきました。晩年は、ナチスによる迫害を逃れてロンドンに亡命。83歳で亡くなりました。

　フロイトの学説は社会に衝撃を与え、20世紀前半の文学や哲学、社会科学などに与えた影響の大きさは、計り知れないものでした。

2章

気になる！
心理学の
用語の意味

パブロフの犬、リビドー、アイデンティティ…など、
どこかで聞いたことがあるけど、
どんな意味かはよくわからない心理学用語。
その意味をわかりやすく解説していきます。

33 ［基本］「ゲシュタルト心理学」 心は分解できないもの?

なるほど! 心は、意志や感情など**要素の結合体**ではなく、**ひとつのまとまり**だと考える心理学!

近代心理学をスタートさせた 心理学者ヴィント（⇒P10）は、「**心（意識）は、表象（イメージ）や意思、感情、感覚などの要素で構成された結合体**であり、要素を分析すれば、心を解き明かせる」と考えました。この考え方を、「**要素主義（構成主義）**」といいます。

これに対し、心理学者ヴェルトハイマーらは、「**心はひとつのまとまりであり、要素に還元することはできない**」と主張しました。これが、「**ゲシュタルト心理学**」です。ゲシュタルトとは、ドイツ語で「**全体**」「**形態**」を意味します。例えば、音楽を音符ごとに分析しても、音楽全体の意味はわかりません。心も、要素ごとに分析するのではなく、全体として研究するべきだと考えたのです。

ヴェルトハイマーは、ヒトは物事全体を認識するとき、知覚している要素をバラバラに認識するのではなく、**できるだけ簡潔に認識する傾向がある**ことに注目しました。これを、「**プレグナンツの法則**」といい、プレグナンツの法則が知覚に及ぼす要因を「**ゲシュタルト要因**」といいます〔**図1**〕。

このほか、ゲシュタルト心理学理論の実証に、「**仮現運動**」があります。これは、**実際には静止したものが、動いているように見える現象**です〔**図2**〕。

要素をまとめて認識する

▶ ゲシュタルト要因の種類〔図1〕

ゲシュタルト要因にはいくつか種類があるが、代表的な4種類を紹介。

近接の要因

距離的に近くにあるものどうしは、まとまって知覚される傾向がある。

閉合の要因

閉じ合う形のものは、まとまって知覚されやすいという傾向。

( )や【 】は、同じセットだと思える

ここがつながっていなくても、三角形だと認識する

類同の要因

色や形が似たものは、まとまって知覚されるという傾向。

連続の要因

図形は、つながって知覚されやすいという傾向。例えば、「X」という記号を4本の直線の集合とは考えず、2本の直線が交わっていると考えること。

▶ 仮現運動の例〔図2〕

実際には何もないのに、連続運動が見えてくる現象。アニメーションは、仮現運動を応用したものといえる。

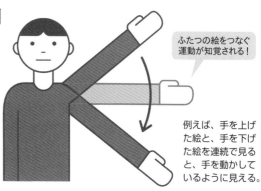

ふたつの絵をつなぐ運動が知覚される！

例えば、手を上げた絵と、手を下げた絵を連続で見ると、手を動かしているように見える。

34 「ゲシュタルト崩壊」
[基本] 心の中で何が崩壊する?

なるほど! 文字などを**ずっと見ている**ことによって、**全体を認知する能力が低下**すること!

　ヒトは、個別のパーツを知覚する前に全体を認識すると、**ゲシュタルト心理学**（➡P86）では考えます。そして、認識するときには、**経験や主観などが影響する**と考えます。これを、**「経験の要因」**といいます。その典型例として、ある人には若い女性、ある人には老婆に見える絵があります。ただし日本人は、カギ鼻の老婆を見る経験が少ないので、ほとんどが若い女性に見えるそうです〔**図1**〕。

　「全体を認識する」とはどういうことか、漢字を例に見てみましょう。ヒトは漢字を見たとき、**部首やつくりを分析して認識するのではなく、漢字を全体として認識**しています。一画一画を正確に書く「楷書」だけではなく、続け書きにしたような「行書」が読めるのも、楷書を知っているという経験があるからです。

　しかし、漢字をじっと見続けていると、**漢字としてのまとまりがなくなり、部首やつくりがバラバラのパーツに見えてくる**ことはありませんか？　これが、**「ゲシュタルト崩壊」**です〔**図2**〕。

　ゲシュタルト崩壊は、健常なヒトでも、**持続的に注視することによって、全体を認知する能力が低下したとき**に起こります。文字や、幾何学図形など視覚的なものが知られていますが、聴覚や触覚などでも生じることがあります。

漢字の理解には全体の認知力が重要

▶ 認知に影響を及ぼす主観〔図1〕

下の2枚の絵は同じ絵だが、見る人の経験や心理状態によって、若い女性にも見えるし、カギ鼻の老婆にも見える。

若い女性に見えるとき

目
耳
ネックレス

ネックレスをした若い女性が、向こうを向いている様子。

老婆に見えるとき

目
カギ鼻
口

カギ鼻の老婆が、うつむいている様子。

▶ 文字のゲシュタルト崩壊〔図2〕

30秒ほど、同じ漢字の羅列を見続けていると、漢字がバラバラになったように見えてきて、漢字の意味がわからなくなることがある。これは「文字のゲシュタルト崩壊」と呼ばれる。

借	借	借	借	借	借
借	借	借	借	借	借
借	借	借	借	借	借
借	借	借	借	借	借
借	借	借	借	借	借
借	借	借	借	借	借

イ 廿 日 ？ ？ ？

ゲシュタルト崩壊を起こしやすい字

多 野 今
粉 傷 若
ル を 今

など

35 「錯視」
[基本] 見えるものは、真実でない?

なるほど! 実際とはちがう見え方をするのが「錯視」。
ファッションなどにも応用されている!

　私たちの目には、現実そのままの世界が映っている…わけではありません。実は、ヒトの視覚は心理の影響で、**実際よりも大きなサイズに見えたり、止まっているのに動いているように見えたりする**ことがあるのです。視覚に関する錯覚は、**「錯視」**と呼ばれます。

　有名な錯視に、同じ明るさの色なのに、明るさが異なって見える**「ホワイト効果」**があります。このほか、同じ長さの直線なのに、長さが異なって見える**「ポンゾ錯視」**や**「ミュラー・リヤー錯視」**、**「ボールドウィン錯視」**などがあり、配置や分割方法によって面積が異なって見える**「エビングハウス錯視」**や**「バイカラー錯視」**などもあります〔**図1**〕。

　錯視はファッションにも応用できます〔**図2**〕。例えば、ミュラー・リヤー錯視を利用してVネックのシャツを着て背を高く見せたり、**「ストライプ効果」**を利用してタテ縞の服を着て体形をスリムに見せたりできます。バイカラー錯視を利用してロングヘアーにすると、ショートカットより小顔に見せることができます（**小顔錯視**）。

　錯視が起こる理由はまだ解明されていませんが、最近の心理学では、特殊な図形の場合のときだけ起こるのではなく、ヒトの**認知メカニズム**の特徴として起きると考えられています。

目は錯覚を起こす

▶さまざまな錯視〔図1〕

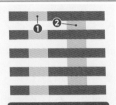

ホワイト効果

オレンジ色の長方形は
❶の方が❷より明るく
見えるが、同じ明るさ。

ポンゾ錯視

赤い直線は上の方が長
く見えるが、実際は同
じ長さ。

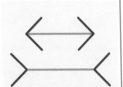

ミュラー・リヤー錯視

赤い直線は下の方が長
く見えるが、実際は同
じ長さ。

ボールドウィン錯視

正方形が小さい方が直
線が長く見えるが、実
際は同じ長さ。

エビングハウス錯視

濃いオレンジ色の円は
右の方が大きく見える
が、実際は同じ大きさ。

バイカラー錯視

タテに分割した長方形
の方が細長く見えるが、
実際は同じ形。

▶ファッションに利用される錯視〔図2〕

ストライプ効果

ボーダーより
ストライプの
方がスリムに
見える。

小顔錯視

バイカラー
錯視により、
髪型がロン
グだと小顔
に見える。

091　　　気になる！心理学の用語の意味 **2章**

Q 選ぶべき2枚はどれ？「4枚カード問題」

| Aと4 | or | Aと7 | or | AとK | or | 4と7 |

4枚のカードの表にはアルファベット、裏には数字が書かれています。A・K・4・7が見えているとき、「表が母音なら、その裏は偶数」というルールが成立するかを確かめるため、2枚だけ裏返せるとしたら、どのカードを裏返す必要があるでしょう？

これは、**心理学者ウェイソンが考案した「4枚カード問題」**です。かんたんに解けそうに思えますが、正解率は10%以下です。

母音である「A」のカードを裏返すことは、ほとんどの人が正解します。「K」は子音なので確認は不要です。残りの1枚は、偶数である「4」を選ぶ人が多くいます。しかし、これは誤りです。

「裏が偶数なら、その表は母音」というルールは確かめる必要がないので、「4」の裏は、どのようなアルファベットでも問題ありません。つまり、正解は「A」と「7」なのです。

　ではなぜ、多くの人が「4」を選んでしまうのでしょう？　これには、**自分が正しいと思うことに対して、都合のよい情報を集めるという「確証バイアス」**（➡P196）**がはたらいている**と考えられます。裏面のルールを満たしている「4」を選んで満足し、ルール違反の可能性がある「7」を無視してしまうのです。

　ところが、4枚カード問題を、日常的なテーマに置き換えると、正解率が急上昇します。それは、次のような問題です〔**下図**〕。

日常的なテーマに置き換えた4枚カード問題

4人の若者が、4枚のカードを持ち、表には年齢、裏には飲み物が書かれています。「アルコールは20歳以上」というルールがあり、それを確かめるために2枚だけ裏返せるとしたら、どのカードを裏返す必要があるでしょうか？

ビール　　ジュース　　21歳　　17歳

　正解は「ビール」と「17歳」のカードです。この問題の正解率は80％以上になります。

　同じ論理による推理問題なのに、正解率がこれほどちがうのは不思議ですね。このことから、ヒトの認知能力は抽象的な問題を解くためではなく、**日常的な問題を解くために発達した**と考えられます。

36 ［基本］「パブロフの犬」勝手に体が反応する？

なるほど！ 無条件反射とほかの刺激とを、意図的に結びつける古典的条件づけの実験！

　心理学者ヴィントがはじめた近代心理学は、心（意識）を要素に分解して探究する「構成主義」でした。しかし、心理学者ワトソンは、「意識は客観的に観察できない」と考え、**ヒトの行動は、外部からの刺激に対する反応にすぎない**と主張しました。ワトソンの提唱する心理学は、**「行動主義」**と呼ばれます〔**図1**〕。

　ヒトや動物は、食べ物を口に入れると自然に唾液が出ます。このような生理的反応を、**「無条件反射」**といいます。そして経験を重ねて**「学習」**すると、食べ物を見ただけで、唾液が出るようになります。例えば、梅干しやレモンを見ると酸っぱさを思い出し、唾液が出るような反応です。これを、**「条件反射」**といいます。

　「ヒトの行動は、すべて条件反射である」と主張する行動主義の主張の基礎となった研究が、条件反射を応用した**「パブロフの犬」**と呼ばれる実験です〔**図2**〕。生理学者パブロフは、犬にえさを与える直前にベルを鳴らすことをくり返しました。すると犬は、ベルの音が鳴ればえさをもらえると学習し、やがて、ベルが鳴っただけで唾液を出すようになったのです。このように、唾液の分泌などの無条件反射と、ベルの音など無関係な刺激を、意図的に結びつけることを、**「古典的条件づけ」**といいます。

行動は刺激に対する反応

▶ ワトソンが提唱したS-R理論〔図1〕

ワトソンの行動主義は、ヒトの行動は外部からの刺激（Stimulus）に対する反応（Response）にすぎないという理論（S-R理論）。

構成主義 心（意識）は、意思や感情、記憶などで構成されている。

さわりたい
かわいい
やわらかい

心（意識）

ニャー

猫を見たとき、「心」を構成するさまざまな要素がはたらく

行動主義 ヒトの行動は外部からの刺激に対する反応にすぎない。

刺激（S）

ニャー

反応（R）

猫という「刺激」 ➡ 驚くという「反応」を引き起こす

▶ パブロフの犬による条件づけ〔図2〕

「条件づけ」という概念を示した最初の実験で、行動主義心理学の基礎理論となった。

犬はベルが鳴ればえさをもらえることを学習する

犬にえさを与える直前にベルを鳴らすことをくり返す。

犬はベルが鳴っただけで唾液が出るようになる。

37 「エス」「自我」「超自我」
[基本] 意識と無意識のちがいは？

原始的な衝動で、本能的な精神エネルギー。
快楽だけ求める「快楽原理」に支配されている！

心理学者ヴィントは心（意識）を研究しましたが、精神科医フロイトは、神経症を研究する過程で、**「無意識」**の存在に気づき、**ヒトの行動の大部分は無意識に支配されている**と主張しました。

フロイトは当初、心を「意識」「前意識（努力すれば意識できる層）」「無意識（意識できない層）」の３層に分けて理解していました。しかしその後、**「エス（イド）」「自我（エゴ）」「超自我（スーパーエゴ）」**の３層に分けて考えるようになりました〔**右図**〕。

エスとは**原始的な衝動**のことで、**本能的な精神エネルギー**です。そのエネルギーは、性的本能の**「リビドー」**（➡P98）と、破壊本能の**「サナトス」**で構成され、善悪の区別はなく、快楽だけを求める**「快楽原理」**に支配されると考えられています。

しかし、エスの衝動のまま行動すると、ヒトは社会の中で生きていくことはできません。エスを抑制しながら、社会との調整を図り、**現実的にエスの欲求を満たそうとするのが自我**です。つまり、自我は**「現実原則」**に支配されているのです。

超自我は、良心や道徳心、倫理観などのことで、**「理想原則」**に支配されています。超自我のはたらきによって、ヒトは犯罪を犯すことに対し、罪悪感を覚えるのです。

フロイトの考える心の構造

▶「エス」「自我」「超自我」の構造

フロイトは、心の構造を、「エス」「自我」「超自我」の3層に分けて考えていた。その構造は、海に浮かぶ氷山に例えるとわかりやすい。

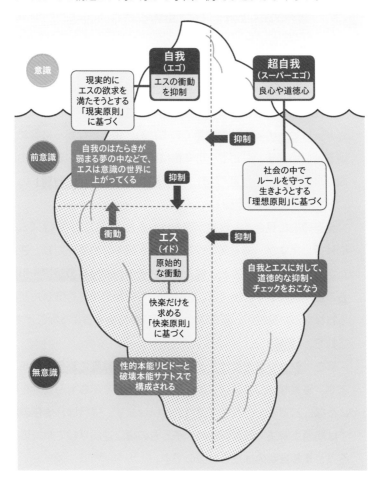

意識

自我
（エゴ）
エスの衝動を抑制

超自我
（スーパーエゴ）
良心や道徳心

現実的にエスの欲求を満たそうとする「現実原則」に基づく

抑制

前意識

自我のはたらきが弱まる夢の中などで、エスは意識の世界に上がってくる

抑制

社会の中でルールを守って生きようとする「理想原則」に基づく

衝動

エス
（イド）
原始的な衝動

抑制

自我とエスに対して、道徳的な抑制・チェックをおこなう

快楽だけを求める「快楽原則」に基づく

無意識

性的本能リビドーと破壊本能サナトスで構成される

気になる！ 心理学の用語の意味 **2**章

38 ［基本］「リビドー」
本能的な性的衝動？

なるほど！

「**エス**」のうちの**性的な衝動**で、段階がある。
各段階に見合った性欲を満たすことが重要！

フロイトは、ヒトの心を「**エス**」「**自我**」「**超自我**」の3層に分けて考えました（➡P96）。エスは、本能的な衝動であり、エスのうちの性的な衝動を「**リビドー**」といいます。フロイトによれば、リビドーは**ヒトの基本的な本能**であるため、生まれながらに備わっているといいます。リビドーは年齢に応じて発達していき、その発達段階は、「**口唇期**」「**肛門期**」「**男根期**」「**潜伏期**」「**性器期**」の5期に分かれています〔**右図**〕。

発達段階に見合った性欲が満たされるとき、リビドーはスムーズに移行しますが、ある発達段階で性欲が満たされすぎたり、逆に満たされなかったりすると、**成人後に、その時期特有の感情を引きずる**ことがあります。例えば、口唇期に母親から母乳をほとんど与えられなかった男性が、成人して女性の胸を偏愛するようなことです。これを、「**固着**」といいます。

また、**ショックを受けたとき、以前の発達段階に戻る**ことがあります。優秀なビジネスマンの男性が、妻の前で赤ちゃん言葉を使うようなことです。これを「**退行**」といいます。退行は、現在の自我では問題が解決できないため、子どもの頃に逆戻りして解決策をとろうとする自我のはたらきなのです。

年齢で変化するリビドー

▶ リビドーの 5つの発達段階

リビドーは年齢に応じて5段階に発達する。発達段階に応じて、リビドーが通常に満たされなかった場合、成人後に、その時期に固着した症状が表れる。

口唇期 （0〜1歳くらい）

口唇で乳を吸うことにリビドーを感じる。

【固着】
母乳を吸えなかったりすると、飲食や喫煙など、口からの満足を求めがちになる。

肛門期 （1〜3歳くらい）

排泄をしたり、我慢をしたりすることに対してリビドーを感じる。

【固着】
厳しいしつけの結果、几帳面、倹約、強情、神経質などの性格になりやすくなる。

男根期 （3〜6歳くらい）

エディプス期ともいう。自分の性器にリビドーを感じる。異性の親に性的関心をもつ。

【固着】
どちらかの親との絆が強すぎると、マザコン、ファザコンになりやすい。虚栄心をもちやすい。

潜伏期 （6〜12歳くらい）

一般的にリビドーが抑えられ、生産や勉強に集中する。

【固着】
勉強やスポーツに熱中できなかったり、友人関係を築けなかったりすると、人間関係を築くのが苦手になりやすい。

性器期 （12歳以降）

生殖が目的となり、性対象を求めるようになる。各段階のリビドーが統合される。

【固着】
各段階が満たされていなかったとき、その段階の固着が表面化する。

39 「エディプス・コンプレックス」
[基本] 父親を嫌い、母親を愛する？

なるほど! 3歳頃の男子には、**母親に「リビドー」を感じ、父親を憎む**という、無意識の葛藤が生じる！

「**リビドー**」の発達段階で、3〜6歳頃の**男根期**は、「**エディプス期**」とも呼ばれます（➡P99）。エディプスとはギリシア神話の登場人物で、父親を殺して王となり、母親を妃にします。フロイトは、この神話の中に「**男子は父親を憎み、母親を愛する**」という無意識の葛藤を見てとり、「**エディプス・コンプレックス**」と名づけました。

フロイトによると、男子は3歳頃から異性である**母親に性的欲求を向ける**ようになり、母親を独占したいと願います。しかし父親がじゃまな存在として立ちはだかるため、**父親を憎むようになる**といいます。しかし同時に、強い父親に対するあこがれの感情もあるため、複雑な**コンプレックス（心的複合体）**が生じます。やがて男子は、母親をあきらめ、強い男性を目指し、強い父親と自分を同一視（同一化）して、男性らしくなっていくとされます〔**図1**〕。

女子の場合は、**父親に性的欲求が向かう**とき、父親を愛し、母親を憎むようになります。そして男子と同じメカニズムによって、女子も母親と自分を同一視するようになり、女性らしくなっていくといいます。女子のコンプレックスは、ギリシア神話のヒロインで、母親を弟に殺させたエレクトラから、「**エレクトラ・コンプレックス**」と名づけられています〔**図2**〕。

異性の親に対する葛藤

▶ エディプス・コンプレックスのしくみ 〔図1〕

男子が母親にリビドーを感じ、父親を憎む無意識の感情。

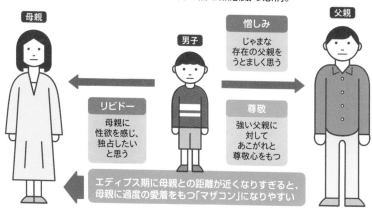

母親

男子

父親

憎しみ
じゃまな
存在の父親を
うとましく思う

リビドー
母親に
性欲を感じ、
独占したい
と思う

尊敬
強い父親に
対して
あこがれと
尊敬心をもつ

エディプス期に母親との距離が近くなりすぎると、
母親に過度の愛着をもつ「マザコン」になりやすい

▶ エレクトラ・コンプレックスのしくみ 〔図2〕

女子が父親にリビドーを感じ、母親を憎む無意識の感情。

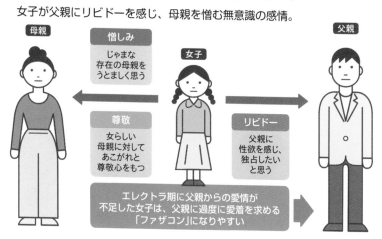

母親

女子

父親

憎しみ
じゃまな
存在の母親を
うとましく思う

尊敬
女らしい
母親に対して
あこがれと
尊敬心をもつ

リビドー
父親に
性欲を感じ、
独占したい
と思う

エレクトラ期に父親からの愛情が
不足した女子は、父親に過度に愛着を求める
「ファザコン」になりやすい

ふだんのしぐさでわかる？
体の動作に現れる性格

ヒトは、言葉だけでなく、表情やしぐさを使って感情を伝えます。体の動作で、その人の性格のタイプを当ててみましょう。

1 何度も自分の体をさわる

2 こぶしを握って腕を組む

3 手ぶりが大きい

4 足を組んで座る

[診断結果]

1 何度も自分の体をさわる ➡ 不安型タイプ

2 こぶしを握って腕を組む ➡ 攻撃型タイプ

3 手ぶりが大きい ➡ 自己陶酔タイプ

4 足を組んで座る ➡ 完璧主義タイプ

〔解説〕

　表情やしぐさなど、言葉以外のコミュニケーションを**「非言語コミュニケーション」**といいます。実は、非言語コミュニケーションは、言葉よりもその人の本当の心理を表すといわれています。

　例えば、**男性と立ち話をする女性の本心は、つま先に表れます。**男性に好意があれば、つま先は男性に向いていますが、好意がなければ、つま先は無意識に立ち去りたい方向に向いてしまうのです。

　では、左ページの心理テストを見ていきましょう、会話中などに自分の体を何度もさわる人は、不安を感じているため体をさわって安心を得ようとしています。これを**「自己親密行動」**といいます。

　こぶしを握って腕を組むのは、**敵意や攻撃性を表すしぐさ**です。こぶしを握るのではなく、腕やひじをつかんで腕を組むのは自己親密行動になり、不安を減らすしぐさです。

　手ぶりが大きいのは、「自分の存在を認めて」というアピールで、自分に酔っているタイプといえます。足を組むときにも性格が表れます。基本的に、**足を閉じるのは秩序欲求が強く、足を広げるのは積極的なタイプ**です。座るときに足を組むのは完璧主義の傾向があり、不安を他人に見せたくないタイプが多いようです。

40
[基本]

「元型（アーキタイプ）」
人類共通でもつ無意識？

人類が共通してもつ「普遍的無意識」のこと。
「アニマ」「アニムス」なども元型の一種！

心理学者ユングは、フロイトの考え方に共鳴して弟子になりましたが、のちにフロイトの考え方を否定し、決別しました。

ユングも無意識を重視しましたが、フロイトが無意識を**「抑圧された個人的で原始的な衝動」**と考えたのに対し、ユングは、無意識の領域には個人が経験した感情や記憶などを蓄積した**「個人的無意識」**だけでなく、その奥底に、**人類共通の記憶を保存する「普遍的無意識（集合的無意識）」**が存在していると考えました。

ユングは、普遍的無意識が、人類の祖先から遺伝的に伝わったと考えました。そのきっかけは、世界各国の神話や模様には共通するモチーフが多いという事実でした。例えば、神や英雄、悪魔、魔法使いなどのイメージは、世界各地の神話や宗教説話、寓話などに登場します。ユングは、こうした**人類共通のイメージを生み出す普遍的な型を「元型（アーキタイプ）」**と名づけ、元型によって浮かび上がるイメージを**「原始心像」**と呼びました〔**図1**〕。

元型の代表的なものには、**「グレートマザー」「アニマ」「アニムス」「シャドウ（影）」**などがあります〔**図2**〕。私たちは元型そのものを意識できませんが、日常の意識に強い影響力をもつとされ、眠っているときに見る夢は、元型が表現されたものとされます。

104

人類共通のイメージを生み出す元型

▶元型の意識化〔図1〕

元型とは、無意識にある人類共通のイメージを生み出す普遍的な型。元型は意識できないが、原始心像として、意識に浮かび上がる。

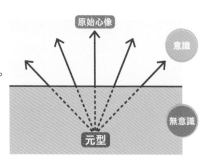

原始心像

意識

無意識

元型

▶代表的な元型〔図2〕

アニマ

男性が無意識にもっている女性像。心の中の女性の理想像は、アニマがつくりあげる。

ヒロイン、女神 など

アニムス

女性が無意識にもっている男性像。心の中の男性の理想像は、アニムスがつくりあげる。

ヒーロー、博士 など

老賢人（オールド・ワイズマン）

すべての人類を包みこむ「父なるもの」。権威や倫理、秩序などの元型だが、自由を奪う特性もある。

仙人、魔法使い など

シャドウ（影）

無意識の中にある、もうひとりの自分。悪のイメージや負のイメージなど、その人の暗い影の部分。

鬼、悪魔 など

トリックスター

秩序や境界を無視するいたずら者で、権力や権威を破壊する。トリックを使って相手を騙す。

ピエロ、孫悟空 など

グレートマザー

すべての人類を包みこむ「母なるもの」。慈しみと包容力に満ちているが、束縛する特性もある。

聖母、土偶 など

気になる！ 心理学の用語の意味 **2章**

41 「アドラー心理学」
[基本] 行動するのは、目的のため？

なるほど！ ヒトの行動は「原因」でなく「目的」に**起因**する
ものだと考える心理学！

　アドラーは、フロイトと共同研究をしていた心理学者です。です
が、やがて考え方のちがいからフロイトのもとを離れ、**「アドラー
心理学（個人心理学）」**を考え出しました。

　フロイトは、ヒトの行動には経験や感情などの**「原因」**があると
考えていましたが、アドラーは、ヒトの行動には原因はなく、**「目的」
を達成するために経験や感情を利用する**と考えました。例えば、「他
人と関わりたくない」という目的を達成するために、「自分は人見
知りな性格だから」などの原因をつくり出すというものです。これ
を**「目的論」**といいます〔**図1**〕。

　私たちは、自分の思いどおりにならないときに「お金がないから」
「反対されたせいだ」などと、自分以外のせいにしがちです。アド
ラーは、これを**「人生の嘘」**と批判し、ヒトは自分にとって本当に
大切な目的を見つめ直し、その目的を達成するときに生じる困難に
立ち向かうため、**自分を勇気づけるべき**だと説きました。

　フロイトは、心を**エス・自我・超自我**（➡P96）に分けて考え
ましたが、アドラーは、**個人をこれ以上分割できない最小の単位**だ
と考えました。これが**「全体論」**です。個人という全体が、目的の
ために感情や思考を利用していると考えたのです〔➡P108**図2**〕。

▶ 原因論と目的論 〔図1〕

目的論とは、ヒトの行動は、目的を達成するために経験や感情を利用するものだという考え。

フロイトの原因論	アドラーの目的論

フロイトの原因論

原因 子どものときに犬にかまれたので、犬が怖い。

行動 犬を見たら逃げる

アドラーの目的論

目的 そもそも犬が苦手で、近づかれたくない。

行動 犬を見たら逃げる

アドラーは、ヒトを動かすのは**他人より優れたいという「優越欲求」**だと考え、フロイトの提唱した**「防衛機制」**（➡P66）のうち、**「補償」**〔➡P108図3〕を重視しました。ヒトは幼い頃から優越欲求をもっていますが、周りは自分よりも優れた大人（両親）や年上の子（兄や姉）ばかりなので、劣等感を抱きます。しかしそこから、「できるようになりたい」という補償のメカニズムがはたらき、**劣等感を克服していくことで人格を形成**していくのです。

アドラーは劣等感をポジティブにとらえましたが、「容姿が劣るから結婚できない」など、劣等感を言い訳にして人生の課題から逃げることは不健全だと考えました。このように、劣等感に固執することを**「劣等コンプレックス」**といいます〔➡P109図4〕。

また、アドラーは、**人間が抱える悩みはほとんどが対人関係であり、その解決には、自分が克服すべき課題と、他人が克服すべき課題とを明確に分離することが大事**だと主張しました。これを**「課題の分離」**といいます〔➡P109図5〕。

劣等感があるから、がんばれる

▶ 全体論の考え方〔図2〕

アドラーは、個人を分割不可能な最小の単位と考え、心の中で矛盾や対立を引き起こすことはないと考えた。

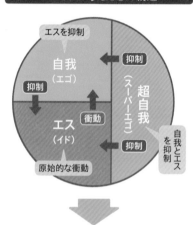

フロイトが考えた心の構造

エスを抑制

自我
（エゴ）

抑制

超自我
（スーパーエゴ）

抑制

衝動

エス
（イド）

抑制

自我とエスを抑制

原始的な衝動

心の中で、矛盾や対立が起こる！

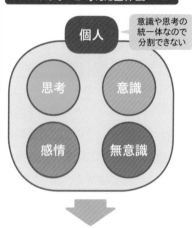

アドラーが考えた全体論

個人

意識や思考の統一体なので分割できない

思考

意識

感情

無意識

心の中で、矛盾や対立は起きない！

▶ アドラーが重視した「補償」〔図3〕

アドラーは、ヒトを動かす原動力を「優越欲求」と考えた。このため劣等感を抱いても、それを克服しようとする「補償」の心理がはたらき、劣等感を克服していくとした。

兄　姉

兄や姉がいる子は、「優越欲求」が特に強くはたらき、兄や姉に追いつこうと努力する。

▶「劣等コンプレックス」と「優越コンプレックス」〔図4〕

自分自身の劣等感に固執し、自分や他人に言い訳をすることを「劣等コンプレックス」という。また、劣等感を隠すため、他人に対して自分の優越を誇示することを「優越コンプレックス」という。

劣等コンプレックス

言い訳を
したがる！

本当は内気な性格が問題なのに、
「自分は背が低いから、仲間に
入れてもらえない」と思いこむ。

優越コンプレックス

マウントをとりたがる！

背が低いという劣等感を隠すた
め、「年収が高い」「学歴が高い」
などと自慢する。

▶ 課題の分離〔図5〕

アドラーは、自分が克服すべき課題と、他人が克服すべき課題とを明確に分離することを重視した。そして、他人の課題は自分ではどうすることもできないので、気に病む必要はないとした。

自分の課題

異性に告白するか
しないかは、自分
の意思で決めるこ
とができる。

他人の課題

相手がどういう返事
をするのかは、自分
ではどうすることも
できない。

42 「アイデンティティ」
[基本] 成長とともに獲得する?

 「自分とはこういう人間だ」という自信のこと。
「自己同一性」ともいい、青年期の発達課題!

フロイトは、人間の成長をリビドーの発達段階（➡P98）で考えましたが、心理学者エリクソンは、フロイトの発達理論に人間関係や社会活動の変化を取り入れ、**人生を8段階のライフサイクルとして分類**しました。そして、各段階にはそれぞれ「**発達課題**」があり、それを乗り越えることで、健全な人格を形成できると考えました。

エリクソンの発達段階論は、「**心理社会的発達理論**」と呼ばれます。ライフサイクルの8段階とは、「**乳児期**」「**幼児期**」「**児童期**」「**学童期**」「**青年期**」「**成人期**」「**壮年期**」「**老年期**」です〔**右図**〕。

エリクソンが特に重視したのは、**青年期の発達課題である「アイデンティティ（自己同一性）」の確立**です。アイデンティティとは、「自分とはこういう人間だ」という自信のこと。つまり青年期は、「**自分探し**」の時期といえます。自分を客観視することで、本来の自分と社会的な自分とを一致させてアイデンティティを確立し、将来の生き方を模索していくのです。

社会人として役割を果たすには、知識や能力などを獲得する必要がありますが、その獲得には時間がかかります。青年期には、こうした社会的な義務や責任を一時的に免除、あるいは猶予されています。このような状態を、「**モラトリアム（猶予期間）**」といいます。

アイデンティティは青年期に確立する

▶ ライフサイクルの8段階

エリクソンによると、人間の生涯は8段階に分類され、各段階で発達課題が発生する。その危機の乗り越え方が、人格形成に影響を及ぼすという。

乳児期 (0〜1歳)

両親などから愛情たっぷりに世話をしてもらう時期。基本的な信頼感が育まれる。

【発達課題】基本的信頼
この時期に不信感を抱くと、安心感がもてず、自己肯定感も低くなりやすい。

幼児期 (1〜3歳)

肉体的に成長して自分の意思で行動できる時期。排泄のしかたなどを失敗を通して学ぶ。

【発達課題】自律性
この時期に過干渉や、強い叱責を与えすぎると、羞恥心や疑いをもちやすくなる。

児童期 (3〜6歳)

自制心が育まれ、ルールを守れるようになる時期。自主的に考えて行動する。

【発達課題】自主性
ほかの子どもと比較されすぎたり、強く怒られると、恐れや罪悪感を抱きやすくなる。

学童期 (6〜12歳)

勉強や遊びを通じて、勤勉さを身につける時期。周囲から認められる喜びを学習する。

【発達課題】勤勉性
周囲から認められないことが続くと、劣等感がつのり、怠惰な性格になりやすい。

青年期 (12歳〜20代前半)

アイデンティティを確立する時期。迷い苦しみながらも、自分らしさを見つけていく。

【発達課題】アイデンティティ
うまく確立できないと、自意識過剰になるなど、「アイデンティティの拡散」が生じる。

成人期 (20代後半〜30代前半)

就職して結婚する時期。異性と互いに親密な関係を築き、共感の大切さに気づく。

【発達課題】連帯性
他人と親密な関係を築けないと、長期的な人間関係を築けず、孤独になりやすい。

壮年期 (30代後半〜60代前半)

結婚して、親として子どもを育てる時期。次の世代を育てることに関心をもつ。

【発達課題】生成性
子どもや部下などを教育・指導するのに失敗すると、周囲と疎遠になりやすい。

老年期 (60代後半〜)

人生を振り返る時期。これまでの発達段階を見つめ直し、その意味を統合する。

【発達課題】統合性
統合できていない人生は後悔を生みやすく、老化や死への不安から絶望しやすい。

Q あなたのダサいTシャツに注目する人は何％？

| 約20% | or | 約50% | or | 約80% | or | 全員 |

あなたが着ているのは、胸の部分に有名歌手の顔がでかでかとプリントされた、明らかに「ダサいTシャツ」。そのTシャツを着て、大教室に入ったとします。あなたが教室を出た後、教室にいた人たちの何％が、Tシャツの顔写真に気づいたでしょうか？

　これは、**心理学者ギロビッチがおこなった実験**です。このときのTシャツは、アメリカのある有名歌手の顔写真がでかでかと使われていて、かなり目立つものでした。

　この実験では、サクラの学生たちが顔写真入りのTシャツを着て教室に入っていきました。サクラの学生たちは、このTシャツを「は

ずかしい」と思っていたようです。彼らに**「教室にいた人たちのう ち、何人くらいがあなたのTシャツに注目したと思うか?」**と質問 したところ、答えの平均は約50%でした。

その一方で、授業の後、教室にいた人たちに**「Tシャツの学生を 覚えていますか?」**と質問したところ、気づいたのは、平均して約 20%だったのです。

Tシャツを着た人

教室にいた人の約50%に、
顔写真に気づかれたと感じた

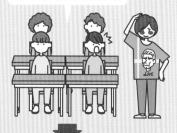

教室にいた人

Tシャツの顔写真に
気づいたのは、約20%だった

実際には約5分の1にしか気づかれていなかった!

つまり、正解は約20%。ヒトは自分が思っているほど、他人か ら注目されていないのです。**「自分が気にしていることは、他人も 同じくらい気にしている」**という思いこみを、心理学では、**「スポ ットライト効果」**といいます。要するに、誰もが**「自意識過剰」**な のです。さらに、**男性は女性よりも自意識過剰**という実験結果も出 ています。

髪型を変えたり、いつもとちがう洋服を着たりすると、「変に思 われないか」と気にする人もいますが、心配は無用です。思う存分、 自分の好きなファッションを楽しみましょう。

43 「アタッチメント(愛着)」
[基本] 赤ちゃんと母親はなぜ親密?

なるほど! 赤ちゃんは母親との「接触」が大好き。
「相互作用」によって愛情の絆が結ばれる!

赤ちゃんが母親に愛着をもつのは、なぜでしょうか?

心理学者シアーズは、空腹などの**「生理的欲求」**を満たしてくれる存在が母親であるため、**「二次的に」**母親に愛されたいと思うようになると主張しました。これが**「二次的動因説」**です。

動物学者ローレンツは、アヒルなどが生後すぐに目にした動くものを「親」と認識し、この認識が半永久的に続くことを発見。これを**「刷り込み」**といい、この刷り込みによるものだと考えました。

心理学者ハーロウは、布の母親と、ミルクつきの針金の母親を使って子ザルを育てる**「代理母実験」**で、ミルクよりも、温もりや肌触りなどの**「接触(スキンシップ)」**が、母親への愛着を生み出すことを突き止めました。これを**「接触の快」**といいます〔**図1**〕。

小児科医ボウルビィは、赤ちゃんと母親などの養育者との間に結ばれる愛情的な絆を**「アタッチメント(愛着)」**と呼びました〔**図2**〕。赤ちゃんが、泣いたり後追いをしたりすると、母親は抱き上げたり話しかけたりします。こうした**「相互作用」**によって、赤ちゃんはさらに母親に愛着をもつのです。このため、幼児期に養育者と離別した場合は、愛着が欠如した**「母性剥奪」**の状態となり、その後の対人関係が不安定になりやすいといわれています。

ミルクよりも、温もりが大事

▶ ハーロウの代理母実験 〔図1〕

ハーロウは、母ザルから引き離した子ザルが、ミルクを飲める針金製の代理母と、ミルクのないやわらかい布製の代理母のどちらを好むかを調べた。

針金製の代理母
《ミルクつき》

子ザルは、ミルクを飲むとき以外、近づかなかった。

布製の代理母
《ミルクなし》

子ざるは、いつも抱きついていた。

 母親は授乳だけの存在でなく、接触して心地よい存在！

▶ アタッチメント形成の4段階 〔図2〕

アタッチメントは、3歳頃までに4段階を経て形成されるとされる。

第 1 段階
（生後3か月頃まで）

人を識別する能力がないため、誰に対しても泣いたり、ほほえんだりする。

第 2 段階
（3か月頃～6か月頃）

人をかなり識別できるようになり、親など、日常的によく関わる人に反応する。

第 3 段階
（6か月頃～3歳頃）

明確に人を識別し、アタッチメントが形成される。見知らぬ人を警戒して恐れる。

第 4 段階
（3歳頃以降）

親の行動や感情を理解し、協調的に行動できる。短時間なら、親が不在でも不安にならない。

アタッチメントは、3歳頃までに養育者との相互作用によって形成される。

44 [基本] 「社会心理学」
集団の中での心理学?

ヒトの心理や行動は、個人の特性だけでなく、その人の置かれた「場」の影響も受けている!

「**社会心理学**」では、ヒトの心理や行動が社会からどのような影響を受け、社会にどのような影響を与えているのかを研究します。

「集団力学の父」と呼ばれる心理学者レヴィンは、「**人間の行動は、個人の特性だけでなく、その人の置かれた環境（場）の影響を受ける**」と主張しました。これを、「**場の理論**」といい、場において、対象に引きつけられる特性を「**正の誘発性**」、対象から遠ざかろうとする特性を「**負の誘発性**」と名づけました〔**図1**〕。

またレヴィンは、集団行動には、個人が個別に行動するのとはちがう特性があると考えました。例えば、自分ひとりなら反対する意見でも、集団で決定されると従ってしまうようなことです。これを「**集団力学（グループ・ダイナミクス）**」といい、現在は、**集団凝集性（団結力）**や**リーダーシップ**などの分野に応用されています。

さらにレヴィンは、ヒトの欲求は複数あるので「ひとつを満たすと、もう一方は満たされない」という場合は少なくないと指摘し、このような状態を、「**コンフリクト（葛藤）**」と呼びました。レヴィンによると、ヒトの欲求には、正の誘発性による「**接近**」と、負の誘発性による「**回避**」の2種類があるとし、その組み合わせによって、コンフリクトを**3タイプに分類**しました〔**図2**〕。

ヒトの行動は、環境の影響を受ける

▶ 場の理論と誘発性〔図1〕

場の理論には、正の誘発性と、負の誘発性がある。例えば、同じ会社（場）であっても、仕事の内容によって行動にちがいが出るなどがある。

正の誘発性	負の誘発性

好きな仕事には、積極的に取り組む。	嫌いな仕事だと、身が入らない。

▶ コンフリクトの3タイプ〔図2〕

コンフリクト（葛藤）は、「接近」と「回避」の組み合わせによって、3つのタイプがある。

1 接近 = 接近 タイプ

ケーキとアイス
どちらを食べるか悩む

2 回避 = 回避 タイプ

勉強はしたくないけど、
受験に落ちるのも嫌

3 接近 = 回避 タイプ

食べ放題に行きたいけど、
ダイエットできない…

食べ放題

117

45 「バーナム効果」
[自分] 占いはなぜ当たる?

 なるほど! 誰にでも当てはまるような性格記述でも、
自分に当てはまると思いこんでしまう!

「Ａ型は几帳面、Ｂ型はマイペース」などという血液型診断があり
ますよね。しかし、血液型と性格との因果関係は実証されておらず、
科学的な根拠はありません。それでも、血液型診断を「当たる」と
思ってしまうのは、**「バーナム効果」**のためといわれます。バーナ
ム効果とは、**誰にも当てはまるような性格記述であっても、自分に
当てはまっていると思いこんでしまう心理効果**です。

そもそも人の性格には二面性があり、誰でも几帳面な一面や、マイ
ペースな一面があります。そのため、Ａ型の人が、「Ａ型は几帳面」
と指摘されると、自分の性格を言い当てられたように感じて、「当
たっている」と錯覚してしまうのです。血液型診断に限らず、たい
ていの占いは、**二面性を提示**することによって、**「必ず当たる」**よ
うにつくられているのです〔**図1**〕。

「本当?」と思われながら、占いに人気があるのは、**人は本能的に
自分に関する情報を知りたいという欲求がある**ため。これを**「自己
認知欲求」**といいます。自己認知欲求は、自分がすでに自覚してい
る情報を再確認する**「自己確認」**と、自覚していない自分の情報を
知る**「自己拡大」**に分けられます。つまり、当たっていなくても新
しい自分の一面を知ることができるのが、占いなのです〔**図2**〕。

誰もが自分の情報を知りたい

▶ バーナム効果〔図1〕

誰でも該当するような一般的な性格記述を、自分のことだと思いこむ心理作用。二面性を提示することで強く作用する。

いつもは**慎重**ですが、ときには**大胆**になることも

あなたは**明るい性格**ですが、本当は**さみしがり屋**です

几帳面な性格ですが、基本は**マイペース**です

あなたは**優柔不断**ですが、**決断力**を備えています

真面目な性格ですが、意外と**ユーモア**があります

責任感のあるがんばり屋ですが、**不安や悩み**を抱えがちです

▶「自己確認」と「自己拡大」〔図2〕

自分に関するよい情報でも、自己確認より自己拡大の方が、大きな満足度を得られる。

かわいいね！

ありがとう

また言われた…

自己確認 自分が知っている自分

根性ありそうだね！

えっ！そんなふうに見える？

うれしい！

自己拡大 自分が知らない自分

Q 仕事関係の人との距離感は どのくらいとるべき？

| 50cm以内 | or | 100cm前後 | or | 3m以上 |

他人との距離感は難しいもの。あまり知らない他人に近づかれ ると不快に感じることは、心理学的に証明されています。では、 相手が仕事関係の人だとしたら、どれくらいの距離が適切な距 離感だといえるでしょうか？

ヒトには、**他人に立ち入られると不快に感じる距離**があります。 これを、**「パーソナル・スペース（個人空間）」**といいます。電車で 一番端の席が人気だったり、新幹線の３人掛けの席の真ん中に座る と居心地が悪くなるのは、パーソナル・スペースの影響です。

パーソナル・スペースは、**相手との関係性によって変化**します。

恋人や家族なら、抱きしめられるような**「密接距離」**でも心地よいですが、友人レベルなら、相手の表情が読み取れるくらいの**「個体距離」**が適切とされます。個体距離は個人差もありますが、45〜120cm程度です。つまり、友人でもないのに、120cm以内に近づくと、相手は不快に感じる可能性が高いのです。

　上司など、仕事関係の人と会う場合、会話はできるけど手を伸ばしても届くか届かない**「社会距離」**が適切です。その距離は100cmくらいといわれます。3m以上は、スピーチや授業など、ひとりが複数の相手に向けて話すのに適した**「公衆距離」**となります。

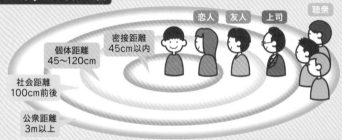

パーソナル・スペース

恋人　友人　上司　聴衆

密接距離
45cm以内

個体距離
45〜120cm

社会距離
100cm前後

公衆距離
3m以上

　つまり、正解は100cm前後といえるでしょう。パーソナル・スペースは、男女によってもちがいがあり、**男性は前方が長くて横幅と後方が短い「楕円型」で、女性は前後左右が均等な「円形」**です。ちなみに、警戒心が強く内向的なタイプは、パーソナル・スペースが広くなります。このタイプは、女性より男性が多い傾向にあります。

男性のパーソナル・スペース

後

前

女性のパーソナル・スペース

後

前

46 ［基本］「ビッグ・ファイブ理論」 性格がわかる検査法?

なるほど! ヒトの性格を「外交性」「神経質性」「誠実性」「協調性」「好奇性」の5つの特性で表すもの!

「やさしい」「まじめ」など、性格を表わす言葉はさまざまですが、そもそも**「性格」**とは何でしょうか? 心理学で性格とは、**「その人の比較的安定した心理的・行動的パターン」**を指します。

古くから、性格は**類型（タイプ）**でとらえられてきました。これを**「類型論」**といいます。代表的なものに、「A型は神経質」などといった**血液型診断**がありますが、神経質な側面は誰でももっているものです。ヒトの性格には多様な側面があるので、ある人の性格を単純に分類する類型論には限界があるといえます。

そのため、現在の心理学では、ある性格に表れるさまざまな特徴（特性）を調べて、**特性の「量」によって性格を診断する**という方法が主流です。この考え方を、**「性格特性論」**といいます。

性格特性論の中で、有力な理論のひとつが、心理学者ゴールドバーグらが提唱した**「ビッグ・ファイブ理論」**です。これは、ヒトの性格を、**「外交性」「神経質性」「誠実性」「協調性」「好奇性（開放性）」**の**5つの特性**に分類するもので、日本には、150項目の質問への答えによって測定する検査法もあります。この5つの座標軸の「量」によって、「外交的で神経質だけど、好奇心は弱い」など、その人の性格を的確に表現できるようになったのです〔**右図**〕。

性格を表す5つの座標軸

▶ビッグ・ファイブ理論で示される性格

ビッグ・ファイブ理論の5つの特性は、言語や文化圏に関係なく、人類に共通する特性と考えられている。質問紙による診断は、「交友関係は広い」「小さなことで悩む」といった150ほどの質問に回答することで得られる。

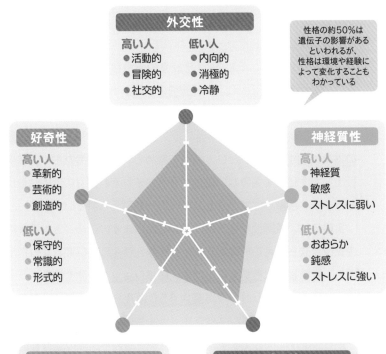

外交性

高い人	低い人
● 活動的	● 内向的
● 冒険的	● 消極的
● 社交的	● 冷静

性格の約50%は遺伝子の影響があるといわれるが、性格は環境や経験によって変化することもわかっている

好奇性

高い人
● 革新的
● 芸術的
● 創造的

低い人
● 保守的
● 常識的
● 形式的

神経質性

高い人
● 神経質
● 敏感
● ストレスに弱い

低い人
● おおらか
● 鈍感
● ストレスに強い

協調性

高い人	低い人
● 協力的	● 自己中心的
● 温厚	● 冷淡
● 利他的	● 意地っ張り

誠実性

高い人	低い人
● 勤勉	● 無責任
● 几帳面	● 意思が弱い
● まじめ	● ふまじめ

47 「アイヒマン実験」
[基本] 誰もが権威に服従する?

なるほど！ 権威者の命令なら残虐な行為でも従ってしまう、という「服従の心理」を検証するための実験！

　アイヒマンは、ドイツ・ナチス政権下でユダヤ人を絶滅収容所に移送した役人です。そして、**「権威者の命令なら、人は誰でも残虐な行為を犯すのか？」**という**「服従の心理」**を検証するためにおこなわれたのが、**「アイヒマン実験（ミルグラム実験）」**です。

　アイヒマン実験は、心理学者ミルグラムが考案したものです。**「罰の効果に関する研究」**という名目で集められた参加者たちは、教師役1名と生徒役1名のペアに分けられ、それぞれ別々の部屋に分けられます。部屋にはマイクとスピーカーが備えられています。

　実験では、教師役が生徒役に問題を出します。このとき教師役は、生徒役がまちがえたら電気ショックを与えるように研究者から指示され、**生徒役がまちがえるたびに、電気ショックを強くする**よう命じられます。電気ショックは**最大450ボルトで、命の危険がある**と伝えられます。電気ショックを受けた生徒役の悲鳴は、スピーカーから教師役に聞こえます。しかし、研究者から**実験の続行を命じられた教師役40人のうち26人が、450ボルトまで電気ショックを与え続けました**〔**右図**〕。

　このように、権威ある人から命じられると、多くの人は、残酷なことでも従ってしまう心理をもっているものなのです。

人は、権威者からの命令に弱い

▶「服従の心理」を証明したアイヒマン実験

教師役が電気ショックを与えるボタンを押すと、部屋のスピーカーから、電気ショックの強さに応じて、あらかじめ録音されていた悲鳴が聞こえる。

ギャー! …… 録音の音声

実験の協力者（サクラ）で、実際に電気ショックはない

生徒役

まちがえたので、電気ショックを与えてください

教師役

研究者

続行してください
迷う必要は
ありません

やめてくれ！
ギャ〜！！

300ボルトを超えると実験中止を求める音声が出される

権威ある研究者から命じられた教師役40人のうち26人が、命令を拒否しても罰則がないにもかかわらず、「命の危険がある」とされる450ボルトまで電気ショックを与え続けた。

48 ［基本］「欲求階層説」欲求にも階層がある？

なるほど！ 「生理的欲求」「安全欲求」「社会的欲求」などを満たした後、ヒトは創造的に動き出す！

　心理学では、ヒトを動かす内的な力を**「欲求（動機）」**といいます。心理学者マズローは、ヒトの欲求を**5階層**に分けて考えました。その5階層とは、**「生理的欲求」「安全の欲求」「愛と所属の欲求」「尊敬の欲求」「自己実現の欲求」**で、ヒトは、最下層の生理的欲求から順番に欲求を満たすように行動すると主張しました〔**右図**〕。

　生理的欲求とは、**食欲**や**睡眠欲**など、ヒトが生きていくうえで基本的な欲求です。食欲などが満たされると、**身の安全を確保したい**という安全の欲求が強くなります。そのため、安全な住居を求めたり、気候に合った衣服がほしくなるのです。

　安全の欲求が満たされると、次に家族からの**愛情**を求めたり、恋人や友人がほしくなり、会社などの集団に**所属**したいと思うようになります。愛と所属の欲求が満たされると、他人から認められたい、**評価**されたいという社会的な欲求が強くなります。

　尊敬の欲求が満たされたヒトは、自分自身をより成長させ、**自分を高めたい**という自己実現の欲求が生まれます。そして、他人の評価を気にすることなく、創造的で自律的な活動をはじめます。マズローは、これが人間の理想的な生き方としました。個人の主体性を重視するマズローの心理学は、**「人間性心理学」**と呼ばれます。

「自己実現」が理想の欲求

▶マズローの欲求階層説

欲求階層説では、自己実現の欲求を「成長欲求」とし、それ以外を「基本的欲求」としている。実際には、ほかの階層を飛び越して自己実現の欲求に基づいて行動しているヒトもいるので、実証的な研究成果による理論ではないが、高く評価されている。

5 自己実現の欲求
自分を高めるための創造的な活動をしたいという欲求。

他人の評価を気にせず、自分の活動に没頭できる

成長欲求

4 尊敬の欲求
他人から承認され、尊敬をされたいという欲求。

他人に好かれるだけでなく、他人から評価されたくなる

基本的欲求

3 愛と所属の欲求
他人から好かれたい、集団に所属したいという欲求。

結婚して家族をつくり、会社などに属したいと思う

2 安全の欲求
危険を避けて、身の安全を確保したいという欲求。

生理的欲求が満たされていれば、自分の命を最優先する

1 生理的欲求
食欲や睡眠欲など、ヒトにとっての基本的な欲求。

ほかの動物と同様に、飲食への欲求に基づいて行動する

127

49 「進化心理学」
[基本] ヒトの心は原始時代のまま？

生物の進化の視点から、**ヒト**の心理を
解き明かそうとする**心理学の分野**！

約700万年前、地球上に人類が登場し、現生人類ホモ＝サピエンスは約20万年前に誕生したとされます。農耕がはじまる約1万年前まで、人類は長い間、**狩猟採集生活**を続けてきました。このことから、現在のヒトの心理には、狩猟採集時代の影響が残っていると考えられます。このように、**生物進化の視点から、ヒトの心理を解き明かそうとする分野を「進化心理学」**といいます。進化心理学は心理学全体に関わり、人類学などの領域にもまたがります。

進化心理学の代表的な成果に**「ダンバー数」**があります。人類学者ダンバーは、霊長類の脳の大きさと群れの大きさの相関関係から、**ひとりの人間が安定して維持できる関係は150人程度**とし、その数を**ダンバー数**と名づけたのです〔**図1**〕。

また狩猟採集時代、集団で狩猟をおこなっていた男性たちは、メンバーに認められることや、集団秩序を維持することが、命に関わるほど重要でした。このため、進化心理学では、現在の男性の**承認欲求**や、**上下関係の形成欲求**に影響していると考えます。一方、男性たちが狩猟に出ている間、女性たちは集団の良好な関係を維持するために、**親密に情報交換**をしていました。この影響で、**女性は全般的にコミュニケーション能力が高い**と考えられています〔**図2**〕。

生物進化がヒトの心理に与える影響

▶ダンバー数と組織の関係〔図1〕

ダンバーはひとりの人間が関係を結べる（それぞれの顔を識別できる）のは150人程度と考察し、その数をダンバー数とした。

150人前後の組織

組織が150人前後なら、全員を認識できるのでまとまりやすく、作業効率は落ちない。

150人以上の組織

組織が150人以上になると、秩序構造を取り入れないと、さぼりや病欠などが増えて、作業効率が下がる。

▶狩猟採集時代の心理的影響〔図2〕

約1万年前に農耕がはじまり、ヒトの生活環境は激変したが、ヒトの心理は、その変化に適応できるほど進化していないとされる。

男性 狩猟採集時代、リーダーのもと、集団の秩序を維持し、狩猟の能力を認められることが大事だった。

現在の男性も、組織内で承認欲求が強く、上下関係を重視しがち

女性 狩猟採集時代、男性が留守の間に、女性どうしでコミュニケーションを取ることが大事だった。

現在の女性も、全般的にコミュニケーション能力が高い

50 [基本]「行動経済学」経済活動は不合理なもの?

なるほど! 「アンカリング効果」「プロスペクト理論」など、心が経済活動に及ぼす影響を探究する学問!

モノを買ったり売ったりというしくみは、「経済学」の分野ですよね。しかし、「自分では絶対買わない高級ワインをプレゼント用なら購入する」など、ヒトの心理的な行動にひもづく、ある種、不合理な経済活動というものもあります。近年、注目されている**「行動経済学」**は、こういった**ヒトの感情や直感などが、経済活動に及ぼす影響を探究する学問**です。

例えば、**ヒトは先行する情報を基準に判断する傾向**にあります。これを、**「アンカリング効果」**といいます。「80%オフ!」「3割引」といった広告を見ると、値下げ幅の大きさによって、標準的な販売価格を知らなくても、「お得だ」と感じてしまうのです。

「プロスペクト理論」も行動経済学で重視されます。これは**「利益が発生しているときは、リスクを回避する」「損失が発生しているときは、リスクを取ってでも損失を取り戻そうとする」**という心理。「期間限定」などの広告はプロスペクト理論の応用です〔**図1**〕。

「サンクコスト(埋没費用)」は、**すでに費やしてしまい、回収できない時間や金銭、労力のこと**です。例えば、食べ放題の店で、お腹がいっぱいなのに、「元を取る!」と食べ続けてしまうのは、サンクコスト効果によって合理的な判断ができないためです〔**図2**〕。

心理学 と 経済学 の融合

▶ アンカリング効果とプロスペクト理論〔図1〕

アンカリング効果
最初の印象が判断に強い影響を与える！

「通常価格1万円から50%オフ」と値下げ表示されると、通常価格が適正かどうか知らなくても、5,000円得したように感じる。

プロスペクト理論
利益を得るより、損失の回避が重要！

ポイントサービスの有効期限が切れそうになると、損失回避の心理がはたらき、ほしくもない商品を購入してしまう。

▶ サンクコスト効果と応用例〔図2〕

「サンクコストを無駄にしたくない」という心理は、マーケティングで応用されている。

サンクコスト
◆金銭的コスト
◆時間的コスト
◆労力的コスト

不合理な判断
「もったいない」「元を取る」といった感情によって、合理的な判断ができない。

［パートワーク誌］
毎号パーツが付属するプラモデル誌では、「ここでやめると、これまでの分が無駄になる」と考える。

［無料お試し版］
無料サービスを体験後、「せっかく登録したから」と、有料サービスに加入する。

スマホゲームの課金
課金タイプのスマホゲームは、「ここでやめられない」という心理を利用して、アイテムを購入させる。

気になる！心理学の用語の意味　**2章**

51 「認知心理学」
[基本] 記憶と心理の関係?

なるほど! 記憶や知覚を**コンピュータのソフト**ととらえて、**刺激**に対して、どう**反応**するか探究する学問!

「**記憶**」は、**認知心理学**の主要な研究テーマです。認知心理学とは、**ヒトの記憶や知覚などをコンピュータのソフト（情報処理システム）と考え、心のしくみを探究する学問**です。つまり、脳をコンピュータのハード、心（意識）をソフトとしてとらえ、入力（刺激）に対し、どういう出力（反応・行動）をするかを調べるのです〔**図1**〕。

記憶は、「**記銘（覚えること）**」「**保持（覚えたことを維持すること）**」「**想起（覚えたことを再生すること）**」という３つのプロセスが正常にはたらくことで有効に機能します。心理学では、記憶を保持するには、「**感覚記憶庫**」「**短期記憶庫**」「**長期記憶庫**」の３つの貯蔵庫があるとしています。

感覚記憶庫は、目や耳、鼻などの五官から入る膨大な情報を保存しますが、ほとんどは１秒以内に消えます。残った情報は、短期記憶庫に送られますが、ここでも、数分以内にほとんどが消滅します。

しかし、**印象的**だったり、**リハーサル**（復唱）されたりした短期記憶は、長期記憶庫へと送られます。私たちが「記憶」と呼んでいるのは、この長期記憶のことで、必要に応じて取り出して、利用することができます。長期記憶は、体が覚えている「**手続き的記憶**」と、言葉でイメージできる「**陳述的記憶**」に分けられます〔**図2**〕。

ヒトが記憶するしくみ

▶ 認知心理学の考え方 〔図1〕

認知心理学は、コンピュータの開発とともに発展した。脳をコンピュータのハード、心(意識)をソフト(プログラム)としてとらえることが基本的な考え方。

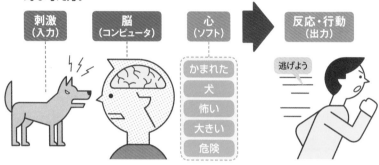

刺激
(入力)

脳
(コンピュータ)

心
(ソフト)

かまれた
犬
怖い
大きい
危険

反応・行動
(出力)

逃げよう

五官によって、犬が近づいているという刺激(情報)が脳に入力される。

過去の記憶などから、犬を危険な存在と認知し、逃げるという行動となって出力される。

▶ 短期記憶と長期記憶 〔図2〕

短期記憶のうち、強い刺激による印象的な情報や、頭の中でくり返して「リハーサル(復唱)」された情報は、長期記憶となって保存される。

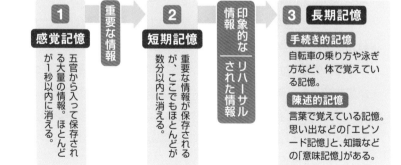

1 感覚記憶
五官から入って保存される大量の情報。ほとんどが1秒以内に消える。

→ 重要な情報 →

2 短期記憶
重要な情報が保存されるが、ここでもほとんどが数分以内に消える。

→ 印象的な情報／リハーサルされた情報 →

3 長期記憶

手続き的記憶
自転車の乗り方や泳ぎ方など、体で覚えている記憶。

陳述的記憶
言葉で覚えている記憶。思い出などの「エピソード記憶」と、知識などの「意味記憶」がある。

気になる! 心理学の用語の意味 **2章**

52 「ABC理論」
[自分] 信念で結果が変わる?

できごとに対する**信念**によって**結論**が決まる!
「**不合理な信念**」は、捨て去ることが重要!

　　失敗や**失恋**などを経験すれば、誰でも落ちこんでしまいますよね。しかし、同じような失敗をしても、立ち直りの早い人と、いつまでも元気のない人がいます。どこが、ちがうのでしょうか?

　　心理学者エリスは、「**できごと**」(**A**ctivating event) に対する「**信念・考え方**」(**B**elief) によって、「**結果**」(**C**onsequence) が決まるという「**ABC理論**」を提唱しました。例えば、仕事上で失敗したという「できごと」に対して「自分はダメだ」という信念をもつと、やる気を失う結果になりますが、「この失敗は成長のきっかけ」という信念をもてば、前向きにがんばる結果となります。つまり、できごと自体ではなく、**信念で結果は変わる**のです。このABC理論は、**認知心理学**（➡P132）のひとつといえます。

　　エリスは、「信念」には「**合理的な信念**」と「**不合理な信念**」があり、不合理な信念が不安や無力感を生み出すと考えました。そして、不合理な信念に対し、「**反論**」(**D**ispute) することで、「**効果**」(**E**ffect) が生まれるとしました。これが、「**ABCDE理論**」です〔**右図**〕。「自分はダメだ」という不合理な信念に、「誰でも失敗はある」と反論することによって、「いつまでも悩んでいてもしかたない」という、新しい効果を得られるのです。

「信念」によって生き方が変わる

▶ 考え方で悩みを解決する「ABCDE 理論」

客観的でコントロールできない「できごと」に対し、主観的でコントロール可能な「信念」を変えることで、人生の悩みを解決できるという理論。

A Activating event
できごと
失恋など、現実に起きたできごと。

B Belief
信念
「自分はダメな人間」といった、「不合理な信念」が生まれる。

C Consequence
結果
自信を失ったり、無気力になるなど、不健全な精神状態になる。

客観的な事実で、コントロールできない

D Dispute
反論
「本当にそうなのか？」「根拠や証拠はあるのか？」「自分の思いこみではないか？」などと、「不合理な信念」に反論し、合理的なとらえ方を提示する。

反論はカウンセラーのアドバイスによって見つけたり、自問自答によって見つけたりする

失恋なんてよくあること

失恋することと人間性は別問題

E Effect
効果
「不合理な信念」への反論が見つかると、新しい「合理的な信念」をつくれる。

自分にふさわしい新しい恋人を見つけるチャンス！

53 「ポジティブ心理学」
[自分] 幸せになれる心理学？

なるほど! 「ポジティブ心理学」は幸せを追求する心理学。
「PERMA」で「Well-being」を目指す！

「幸せ」とは何でしょうか？　心理学では、幸福感に関する考え方に**「ボトムアップ説」**と**「トップダウン説」**とがあります。ボトムアップ説は、プラスのできごとの総数が幸福感を決めるという考え方。一方、トップダウン説は、できごと自体ではなく、「できごとをどうとらえるか」という個人の考え方や性格が幸福感を決めるという考え方で、**近年はトップダウン説が有力**となっています。

　そんな中、心理学者セリグマンは、「人が幸せに生きること」を追求するため、**「ポジティブ心理学」**を創設しました。これまでの心理学（特に臨床心理学）は、不安や神経症の治療など、**「不幸をなくす」**ことが主要な目的でしたが、ポジティブ心理学では、誰もが幸せになれるよう、ポジティブな側面に焦点を当てています。

　「一時的な快楽」と**「人生の幸せ」**を明確に区別していることもポジティブ心理学の特徴で、**「Well-being」**（いきいきとした状態）の追求を目指しています。そのためには、**「Positive Emotion（ポジティブ感情）」「Engagement（没頭）」「Relationship（よい人間関係）」「Meaning（意味）」「Achievement（達成）」**の５つの心理学的要素を継続的にもつことが必要だとしています。これらの要素は、その頭文字から、**「PERMA」**と呼ばれます〔**右図**〕。

「幸せ」を追求する新しい心理学

▶ ポジティブ心理学の基本「PERMA」

ポジティブ心理学は、人生を長く幸せに生きること（Well-being）を重視し、そのための具体的な5つの要素を「PERMA」として提唱している。

P ositive Emotion ポジティブ感情

喜びや楽しみ、笑い、感謝などのポジティブ感情は、ネガティブな感情を打ち消すはたらきがあり、幸福感をアップさせる。

E ngagement 没頭

興味のある活動に、時間を忘れて没頭し、夢中になっていること。集中力が高まるので、仕事の効率や生産性も高まる。

R elationship よい人間関係

家族や友人など、親しい仲間とポジティブ感情を分かち合ったり、他者に貢献したりすることで、自分も幸せになれる。

M eaning 意味

価値観に関する要素で、自分の活動が、自分の人生や社会にとって意味や意義があり、重要なことだと思えるとき、幸せを感じる。

A chievement 達成

自分の活動で何かを達成できたとき、幸福感が向上する。また勝利の喜びや達成感というポジティブ感情を生み出せる。

54 「リバーサル理論」
[日常] なぜヒトは怖いものが好き？

 不安や恐怖は、解放されると興奮に「逆転」！
マイナス感情は大きいほどプラスに変わる！

　テーマパークの絶叫マシンやおばけ屋敷は人気のアトラクションですが、なぜヒトは、わざわざ怖い思いをしようとするのでしょうか？　それは、**興奮してドキドキ感を味わいたいから**です。

　心理学者レグランドは、絶叫マシンの乗客に対し、乗る前の不安度と、乗り終えた後の興奮度の度合いを調査しました。すると、乗る前の不安が大きいほど、乗り終えた後の興奮の度合いが高かったのです。**不安や恐怖、緊張などが高いほど、そのマイナス状態から解放されたときの興奮は大きくなる**のです。これを、「**リバーサル理論（逆転理論）**」といいます〔**図1**〕。不安と興奮が逆転するのです。デートで絶叫マシンに乗ると**つり橋効果**（➡ P42）が期待できるのも、スリルや恐怖のドキドキが恋愛感情に逆転するからです。

　また、ヒトは、時間の感覚がなくなるほど何かに熱中したり、没頭したりすることがあります。心理学者チクセントミハイは、この状態を「**フロー**」と呼び、**フローを経験すると、充実感・幸福感を得られる**と主張しました。フローになる条件は、不安や緊張を感じながらも、自分の能力を発揮すれば、ぎりぎり解決できそうなレベルの課題にチャレンジしているときです。集中力を維持するために、不安や緊張は欠かせないものなのです〔**図2**〕。

不安や恐怖は興奮に「逆転」する

▶リバーサル理論の考え方〔図1〕

下図はリバーサル理論をグラフで示したもの。不安や緊張が高いほど、逆転したときに大きな興奮を得られ、快楽度がアップする。

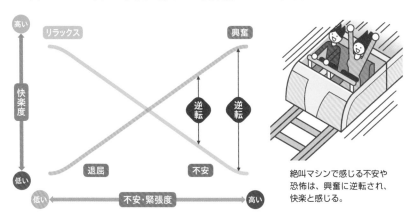

絶叫マシンで感じる不安や恐怖は、興奮に逆転され、快楽と感じる。

▶フロー理論の考え方〔図2〕

時間の感覚を忘れるような集中状態であるフローは、「ゾーン」「無我の境地」などとも呼ばれる。

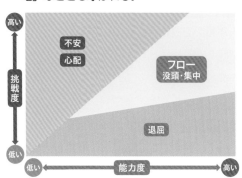

フローになる条件
● 明確な目標がある
● 高いレベルで集中できる
● 自意識を失うほどの集中
● 時間の感覚を失う
● 結果がフィードバックされる
● 目標達成にチャレンジが必要
● 目標に本質的な価値がある
● 状況を自分で制御できる
　　など

55 「ネガティブの閾値」

けんかするほど仲がいい？

「コーピング理論」を活用し、**冷静に何でも話し合う**ことで、男女の関係は長続きする！

「けんかするほど仲がいい」って、本当でしょうか？

心理学者ゴッドマンと数学者マレーは、男女の関係について、**「ネガティブの閾値」**を重視しました。ネガティブの閾値（感じるレベル）とは、**「相手に対する怒りのハードル」**のこと。閾値の高いカップルは、お互いの不満を我慢し、閾値の低いカップルはささいなことで言い争いになります。調査の結果、**破局が多かったのは、閾値の高いカップル**でした。お互いに不満をためこみ、いったん爆発してしまうと、修復不可能な亀裂が入ってしまうのです〔**図1**〕。

しかし、怒りや悲しみの感情にまかせて口論をするのはよくありません。**感情をすぐに言語化すると、記憶がゆがんでしまう可能性があります**。これを、**「言語隠蔽効果」**（⇒P219）といいます。

けんかがエスカレートするのを避けるには、心理学者ラザルスが提唱した**「コーピング理論」**が役立ちます。コーピングとは、ストレスに対処する方法で、代表的なものに、ストレスの対象そのものを取り除く**「問題焦点型コーピング」**と、見方や発想を変えてストレスを軽減させる**「情動焦点型コーピング」**があります〔**図2**〕。

ストレスの正体を見極めて、感情的にならずに、何でも話し合うことが、男女関係を長続きさせるヒケツといえるでしょう。

「我慢」と「感情的」を避けるべき

▶ ネガティブの閾値と破局率の関係〔図1〕

ネガティブの閾値の調査から、「どうせ理解してもらえない」と受け流すのではなく、お互いに不満を言い合い、継続的に関係を修復することが、良好な関係維持に重要であることがわかった。

閾値の低いカップル	閾値の高いカップル
けんかが絶えないカップルは、ポジティブな会話は少ないが、適度にガス抜きできている。	不満をためこむカップルは、表面的にはポジティブな会話が多いが、不満が爆発すると深刻なけんかになる。

破局率は低い

破局率は高い

▶ 代表的な2種類のコーピング理論〔図2〕

意識的にストレス反応へ対処する「コーピング理論」には、代表的なものに、以下の2種類がある。

問題焦点型コーピング

重点 原因の解決

方法 「家事の負担が大きい」など、ストレスの対象そのものの解決を目指す。家族や友人に相談するなど、支援の要請も重要。

情動焦点型コーピング

重点 感情の制御

方法 問題に対する見方を変えたり、趣味や旅行などでリフレッシュしたりして、ストレスを軽減させる。

56 「メタ認知」「ジョハリの窓」自分を客観的に見る？

[自分]

なるほど！ 自分を客観的に見るのが「**メタ認知**」。
「**ジョハリの窓**」でその能力を高める！

　ヒトは誰でも、「**平均以上効果**」（➡P70）によって、自分のことを過大評価しています。しかし、自分の能力を伸ばすには、今の自分の能力を正確に理解する必要があります。そのために重要なのが、自分自身の認知（思考や知覚、行動など）を、まるで**第三者のような視点で俯瞰する「客観的な認知」**です。こうした「**高次**」（**メタ**）の自己認識のことを、「**メタ認知**」といいます。

　メタ認知能力を高めるのに役立つのが、「**ジョハリの窓**」です。ジョハリの窓は、心理学者のジョセフとハリーが考案した対人関係のモデルで、**自己の領域（窓）を4つに分けたもの**です。「**開放の窓**」は、自分も他人も知っている自己。これに対し「**盲点の窓**」は、自分は気づいていないけど他人は知っている自己です。自分は知っているけど他人は知らない自己は「**秘密の窓**」で、自分も他人も知らない未知の自己は「**未知の窓**」になります〔**右図**〕。

　自分自身を客観的に見るためには、自分のことを他人に知ってもらい、「あなたはこういう人だね」と他人に指摘してもらうことが大切です。つまり、メタ認知能力を高めるためには、自分の内面をありのまま打ち明ける「**自己開示**」（➡P80）によって、**開放の窓を広げる**ことが、最も効果的なのです。

自分から見た自分、他人から見た自分

▶自分自身を知るための「ジョハリの窓」

ジョハリの窓は、自己の領域を、4つの窓に見立てて図式化したもので、コミュニケーションの円滑化を目的に提案された。

	自分が知っている	自分が知らない
他人が知っている	**開放の窓** 自分も他人も知っている自己。	**盲点の窓** 自分は気づいていないが、他人は知っている自己。
他人が知らない	**秘密の窓** 自分は知っているが、他人は知らない自己。	**未知の窓** 自分も他人も知らない未知の自己。

トラブルへの対応でわかる！
困ったときのあなたの対応は？

おもちゃが壊れて、子どもが困っています。母親が、「困ったわ。その飛行機、お母さんには直せないわ」と声をかけたとき、子どもは何と言うでしょう？　下の9個のフキダシから選んでください。

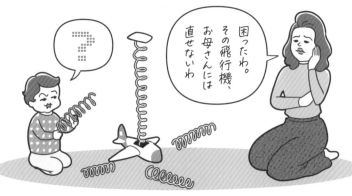

❶
こんなに
壊れてるよ

❷
どうしよう

❸
もともと
壊れていた

❹
お母さんの
せいだ

❺
僕のせいだ

❻
よくある
ことだ

❼
なんとか
直してよ

❽
自分で
直すよ

❾
修理に
出すよ

[診断結果]

❶ 障害強調タイプ 障害を指摘し、強調し、不満を表明する。

❷ 障害抑圧タイプ 障害を指摘せず、不満を外に表さない。

❸ 障害否定タイプ 障害の指摘を最小限にし、ときには否定する。

❹ 攻撃タイプ 障害を起こした人や物に敵意を向ける。

❺ 自責タイプ 自分を責めるが、多くの場合、言い訳をする。

❻ 容認タイプ 障害は不可避として、障害を起こした人物を許す。

❼ 他人依存タイプ 障害の解決を他人に強く期待する。

❽ 努力タイプ 障害の解決のために自らが努力する。

❾ 規則遵守タイプ 規則や習慣に従って、障害の解決を期待する。

[解説]

ヒトは、障害が起きて思いどおりにならないとき、**フラストレーション（欲求不満）**がたまります。心理学者ローゼンツヴァイクは、フラストレーションが起こる場面での反応によって、性格を分類できる検査を考案しました。これを**「P-Fスタディ」**といいます。

P-Fスタディは、イラストで描かれたフラストレーションの場面を見て、「この人ならどう答えるか」を書きます。その回答によって、性格を分類するのです。分類される性格は、**障害そのものにこだわる**（❶❷❸）、**障害の責任にこだわる**（❹❺❻）、**障害の解決にこだわる**（❼❽❾）の3タイプの**「反応型」**と、**他人を責める**（❶❹❼）、**自分を責める**（❷❺❽）、**抑圧する**（❸❻❾）の3タイプの**「攻撃方向」**を組み合わせた、合計9タイプです。これによって、フラストレーションが起きたときの反応の心理と性格がわかるのです。

気になる！心理学の用語の意味 **2章**

性格を8タイプに分類した分析心理学の創始者

カール・グスタフ・ユング

（1875 - 1961）

　ユングは、スイス出身で、バーゼル大学で医学を学び、精神科医になりました。フロイトの影響を受けて弟子となりましたが、人間の行動エネルギーの根源を、性的衝動「リビドー」（➡P98）とするフロイトの学説に異議を唱え、フロイトと決別しました。

　ユングは、個人の無意識だけでなく、その奥底に人類共通の「普遍的無意識」（➡P104）が存在すると考え、人類共通の普遍的なイメージの型を「元型」（➡P104）と名づけました。

　また、心的エネルギー（興味や関心）の傾向によって、人間を「外向型」と「内向型」に大別し、さらに心のタイプを「思考」「感情」「感覚」「直感」に分け、合計8タイプに分類して分析しました。ユングが創始した心理学は、「分析心理学」と呼ばれます。ユングの治療法は、患者を分析して指導するのではなく、患者との対話や夢分析などを通じて、患者の無意識から浮かび上がるイメージから、病の原因を探りました。患者重視の姿勢は、臨床心理学の基礎となっています。

　ユングはスイスにユング研究所を設立し、後継者の育成に尽力したことでも知られます。日本にユングを紹介した河合隼雄は、ユングの研究所で学び、日本人としてはじめてユング派分析家の資格を取得しました。

3章

章

もっと知りたい！
心理学の
しくみやテクニック

心理学で、自分のことや、他人のことを、
もっと深く理解できるようになります。
HSPやレジリエンスなど、最新の心理学にも触れながら、
心理学のしくみやテクニックをさらに見ていきましょう。

57
繊細さは個性？「HSP」のしくみ

なるほど！ 「HSP」は、**敏感な人**を意味する**心理学の概念**。**刺激**を受けやすく、**共感力**があるという気質！

「**HSP**」とは、「Highly Sensitive Person」の頭文字をとったもので、「**とても敏感な人**」という意味です。「相手の気持ちを考えすぎて自分の意見が言えない」「雑然とした場所にいると落ち着かない」「極端に人見知り」「まぶしい光が苦手」「機嫌の悪い人がそばにいるとすごく気になる」など、**感受性が高いため、繊細でストレスを感じやすい人**を指す言葉で、全人口の5人に1人はHSPの傾向があるといわれます。

近年、「**繊細さん**」という呼び方などによって、HSPという概念が広まりました。しかし、HSPは病気や障害を意味する医学用語ではなく、心理学者アーロンが提唱した、「**気質（性格特性）**」を示す心理学用語です。

HSPであることによって、ただちに問題が起きるわけではありませんが、生きづらさを感じている人が多いことも事実です。このため、HSPを対象としたカウンセリングもおこなわれています。

アーロンによると、HSPには、「**情報を深く処理する**」「**過剰に刺激を受けやすい**」「**感情反応が強く、共感力が高い**」「**かすかな刺激に反応する**」という4つの特徴があるとされ、すべてに当てはまる人がHSPとされています〔**右図**〕。

繊細すぎて生きづらい人たち

▶ HSPの4つの特徴

HSPを提唱したアーロンによると、HSPには4つの特徴があるとされる。

1 情報を深く処理する

かんたんに結論の出るようなことでも、納得のいくまで考えてしまう。

2 過剰に刺激を受けやすい

何気ない他人の言葉に傷ついたり、映画や音楽に深く感動する。

3 感情反応が強く、共感力が高い

他人との心の境界があいまいで、他人の感情の影響を受けやすい。

4 かすかな刺激に反応する

音や光、匂いなどのわずかな変化や刺激にすぐに気がつく。

58
[自分]
自分は「HSP」?
それとも繊細なだけ?

なる
ほど！
厳密な線引きはないが、
確認できる**診断テスト**がある！

　誰でも敏感で、繊細な部分をもっているものです。では、**HSP**と、ただの敏感・繊細な人は、どこがちがうのでしょうか？

　厳密にいえば、HSPは**生まれながらにもっている気質・特性**ともいわれており、明確な線引きはありません。ただ、**人混みや騒音、コーヒーなどが苦手**で、**他人に気をつかいすぎて疲れる**などといった傾向が強く見られるのが特徴です〔**図1**〕。HSPの概念を提唱したアーロンは、HSPかどうかを確認できる**23項目の診断テスト**を作成しています〔➡P152**図2**〕。

　HSPの原因は、**脳の扁桃体が過敏にはたらく**ため、刺激を感じやすくなっていると考えられていますが、はっきりとは解明されておらず、**遺伝**などによる生まれつきの気質とも考えられています。

　また、HSPの人は、内向的と思われがちですが、外交的なHSPの人もいます。コミュニケーションが苦手なため、**アスペルガー症候群**などの**「発達障害」**と誤解されることもありますが、別物です。そのちがいは、発達障害の人は、他人への共感が苦手な**「空気が読めない人」**であるのに対し、HSPの人は共感力が高い**「空気が読めすぎる人」**であることです。言い換えれば、**セルフ・モニタリング能力**（➡P60）が高すぎるのかもしれません。

▶HSPの人が苦手なこと〔図1〕

すべての人に当てはまるわけではないが、HSPの人が苦手にしていることには典型的な傾向がある。

人混み	騒音	もめごと
駅や満員電車で人酔いしたり、気分が悪くなったりする。	近所の工事音が我慢できない。声の大きい人なども苦手。	他人を怒らせると何日も落ち着かない。威圧的な人や雑談も苦手。

HSPの人は、繊細でストレスを感じやすく、**「疲れる」「眠れない」「落ちこむ」**といった心身の不調を起こしやすいといわれます。しかし、「深く感動できる」「相手の気持ちに寄りそえる」といった長所や強みをもち合わせています。これは、決してマイナスなことではなく、**優れた感性を授かっている**ということなのです。

HSPの傾向のある人は、敏感すぎて失敗したり、人と接して疲れたりしてしまうため、どうしても「つらい」と感じ、**自己肯定感が低くなりがち**です。そんなときは、マイナスな感情を否定せず、受け止めることが大切です。マイナスな感情であっても、ノートやスマホなどに書き出して**「言語化」**することで、その感情を忘れやすくなり、本当の気持ちに気づきやすくなるといいます。

また、マイペースを意識してひとりの時間を積極的につくったり、心地いい場所を見つけるのも効果的です。乗り気がしない飲み会などに誘われたときは、「嫌われてもいい」と割り切って断るなど、**自分が苦手なことを避ける**ことも必要です〔➡P153図3〕。

もしかして自分は「HSP」?

▶HSPの自己診断テスト〔図2〕

アーロンが作成した診断テストで、それぞれの質問に「はい」「いいえ」で答える。「はい」が12個以上の場合、HSPの可能性が高い。また、「はい」が1個や2個でも、その度合いが極端に強ければ、HSPの可能性がある。

1. 自分をとりまく環境の微妙な変化によく気づく方だ。
2. 他人の気分に左右される。
3. 痛みにとても敏感である。
4. 忙しい日々が続くと、ベッドや暗い部屋などプライバシーが得られ、刺激から逃れられる場所にひきこもりたくなる。
5. カフェインに敏感に反応する。
6. 明るい光や、強い匂い、ざらざらした布地、サイレンの音などに圧倒されやすい。
7. 豊かな想像力をもち、空想にふけりやすい。
8. 騒音に悩まされやすい。
9. 美術や音楽に深く心動かされる。
10. とても良心的である。
11. すぐにびっくりする（仰天する）。
12. 短期間にたくさんのことをしなければならないとき、混乱してしまう。
13. 人が何かで不快な思いをしているとき、どうすれば快適になるかすぐに気づく。（たとえば電灯の明るさを調節したり、席を替えるなど）
14. 一度にたくさんのことを頼まれるのが嫌だ。
15. ミスをしたり物を忘れたりしないよういつも気をつけている。
16. 暴力的な映画やテレビ番組は見ないようにしている。
17. あまりにもたくさんのことが自分の周りで起こっていると、不快になり神経が高ぶる。
18. 空腹になると、集中できないとか気分が悪くなるといった強い反応が起こる。
19. 生活に変化があると混乱する。
20. デリケートな香りや味、音、音楽などを好む。
21. 動揺するような状況を避けることを、ふだんの生活で最優先している。
22. 仕事をするとき、競争させられたり、観察されていると、緊張し、いつもの実力を発揮できなくなる。
23. 子どものころ、親や教師は自分のことを「敏感だ」とか「内気だ」と思っていた。

※出典：『ささいなことにもすぐに「動揺」してしまうあなたへ。』エレイン・N・アーロン著（講談社）

「HSP」とのつきあい方

▶HSPの人が実践できる対処法 〔図3〕

HSPは生まれつきの気質と考えられているので、鈍感になろうとしたり、心を鍛えようとするのは逆効果。克服しようとするのではなく、うまくつきあっていくことが大切。

自分の感情を書き出す

HSPの人は敏感なため、情報を抱えこんでしまいがち。ネガティブな感情であっても、ノートなどに書き出したり、友人に話したりして、こまめに吐き出すことが有効。

ひとりの時間をつくる

他人の感情や機嫌を敏感に察してしまうため、気疲れしがち。ひとりきりの時間をなるべくもつことが重要。会社などでは、文房具やティッシュボックスで自分のスペースを確保するのも効果的。

苦手なことを避ける

飲み会など、苦手なイベントに誘われたときに「断ると悪いな」と無理して参加するのではなく、「嫌われてもいい」と割り切って、断る。自分がつらくなることは、できるだけしないことが大事。

相手の能力を引き出す？
「ピグマリオン効果」

なるほど！ 「予言の自己成就」の心理効果によって、
期待されたとおりに結果を出せる！

　相手のモチベーションをアップさせるには、「叱る」より「ほめる」ことが効果的。でも、ほめすぎは、逆効果になることもあります。**才能をほめられすぎると、困難な課題に挑戦する意欲を失ってしまう**のです〔**図1**〕。意欲を引き出すには、**「努力」**や**「過程」**をほめるように心がけることが必要なのです。

　ヒトは、「自分はこうなるのではないか」と思って行動すると、その予言や期待どおりの結果を出しやすくなります。この効果は、**「予言の自己成就」**と呼ばれます。努力をほめられたヒトは、「努力する自分」を実現するためにがんばるようになります。

　また、**相手に期待をかけて成功を信じることも、能力を開花させるヒケツ**。心理学者ローゼンタールは、成績とは関係なく、「将来、あの生徒たちは成績がアップする可能性が高い」と教師に報告しました。すると実際に、その生徒たちの成績はアップしたのです〔**図2**〕。つまり、期待されて信じてもらえる人は、予言の自己成就の効果でよいパフォーマンスを発揮するのです。このように、期待されたとおりの結果を出せることを、**「ピグマリオン効果」**といいます。

　逆に、相手に期待していないような態度で接すると、本当にダメな結果が出やすくなります。これを、**「ゴーレム効果」**といいます。

▶ 才能ではなく、努力をほめる〔図1〕

心理学者ドゥエックは、ほめ方が子どもに与える影響を実験で調べた。

①
子どもたちを2グループに分けて問題を解かせ、一方のグループに対しては「才能」をほめ、もう一方のグループに対しては「努力」をほめた。

才能をほめる

努力をほめる

②
次に、両方のグループに、「もう一度同じ問題」と「新しい問題」のどちらを解きたいか聞いた。

同じ問題を選ぶ傾向が出た…

約9割が新しい問題に挑戦した！

▶ ピグマリオン効果の実験〔図2〕

ローゼンタールがおこなった「ピグマリオン効果」の実験。

リストの生徒名は、テストの成績とは無関係の人選

小学校の教師に、「能力予測テストの結果」として、成績がアップしそうな生徒のリストを見せた。

教師が、「成績がアップする」という期待をこめて指導すると、実際にその生徒の成績はアップした！

ポジティブ思考は
どうすれば身につく?

なるほど! 小さな目標を設定して「**達成体験**」を積み重ね、
自分の能力に期待する「**自己効力感**」を高める!

　仕事をするうえで経験やスキルは大事ですが、「自分ならできる」という自信も必要です。このような**自分の能力に対する期待・判断**を、心理学者バンデューラは、「**自己効力感**」と名づけました。

　心理学では、「こうすれば成功するだろう」という期待感を「**結果期待**」といい、「自分はその成功のために行動できるだろう」という期待感を「**効力期待**」といいます。結果期待と効力期待がそろうことで、自己効力感は生まれるのです〔**図1**〕。

　自己効力感を高めるには、4つの要因があるとされます。まず重要なのが、自分で行動して何かを成しとげたという「**達成体験**」です。次に重要なのが、他人の達成体験を見て、「自分にもできそう」と感じる「**代理体験**」。3番目は、他人から「あなたならできる」と励まされる「**言語的説得**」。4番目は、「今ならできそう」とワクワクした気分が盛り上がる「**生理的情緒的高揚**」です〔**図2**〕。自己効力感を高めるには、**実現できそうな小さな目標を設定して、達成体験を積み重ねていくこと**が効果的です。

　自己効力感と似た用語である「**自尊心**」は、**自分の存在を自分が肯定する感情**のこと。自尊心が高いと、ポジティブに仕事に取り組めますが、自尊心が高すぎると、失敗を受け入れにくくなります。

自己効力感を高めてポジティブに

▶結果期待と効力期待〔図1〕

結果期待と効力期待がそろうと、自分に対して有能感を抱けるという考え方は、「自己効力感理論」と呼ばれる。

結果期待
「こうすれば成功するだろう」という、結果に対する期待。

効力期待
「成功するため、自分はこういう行動ができる」という、自分に対する期待。

自分の企画がどんどん通るようになれば、大きな仕事を任せてもらえるだろう

自分なら、毎週1本、企画を考えて提出できる

▶自己効力感を高める4つの要因〔図2〕

バンデューラは、自己効力感を高めるために4つの要因を挙げている。

達成体験
自分が行動して、何かを成しとげたという達成感。最も重要で、小さな目標の達成をくり返すことが効果的。

代理体験
他人の達成体験を観察して、「自分にもできそう」と感じること。

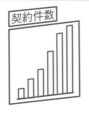

言語的説得
他人から「あなたならできる」と励まされること。

生理的情緒的高揚
「今ならできそう」と前向きな気持ちが盛り上がること。

Q 一番売りたいランチを 選ばせる最適な選択肢数は？

| 1択 | or | 2択 | or | 3択 | or | 4択 |

あなたが飲食店を経営しているとします。そのお店では、1,200円のランチが一番利益率が高いため、あなたはこれを一番売りたいと思っています。これをお客さんに選んでもらうには、ランチメニューの選択肢をいくつ用意すると効果的でしょうか？

1,200円のランチ1択だと、高いのか安いのか、お客さんにとってはわかりにくいですよね？　**ヒトは商品を選ぶとき、目安や基準となるものを求めます。**そして、印象的な目安をもとに判断します。これが、**「アンカリング効果」**（➡P130）です。選択肢はあった方がいいのです。

では、2択だとどうでしょう？　「900円と1,200円」「1,000円と1,200円」という価格設定にすると、**客は900円、1,000円という価格を得だと感じ、1,200円のランチを敬遠**します。逆に「1,200円と1,500円」だと、「高級店で入りにくい」と思われやすいでしょう。

また、4択以上にすると、どれに決めていいか迷ってしまい、結局、**「買わない」という選択をしがち**です。

ですので、正解は「900円と1,200円と1,500円」といった価格帯で、3択にすることです。ヒトは選択肢が3つあると、無意識に「真ん中」を選ぶ傾向があります。これを、**「ゴルディロックス効果」**といいます〔**下図**〕。『3匹のくま』という物語に登場する少女ゴルディロックスが、熱すぎず冷たすぎない、ちょうどいい温かさのスープを選んだことに由来します。

ゴルディロックス効果は、別名**「松竹梅の法則」「極端の回避性」**とも呼ばれます。私たちは、極端に安いものや、極端に高いものを購入すると、「損するかもしれない」と感じ、**合理的な理由がなくても、真ん中の価格を選んでしまう**ものなのです。

ゴルディロックス効果

3択の価格帯に極端に差があると、ゴルディロックス効果は小さい。効果が最大になる価格帯は「6：4：3」とされる。

松	竹	梅
3,000円	2,000円	1,500円

ポテトやポップコーンなどは、「6：4：3」の分量で、「L・M・S」を設定するのが最適とされる。

L	M	S
分量 6	分量 4	分量 3

頼みごとを聞いてもらう よいテクニックは?

なるほど! 大きな要求を断られた後に小さな要求をする、二者択一で要求するなどの方法がある!

　相手に頼みごとを引き受けてもらいたい。そんなときは、心理学のテクニックを使ってみましょう。

　例えば、「**ドア・イン・ザ・フェイス**」という方法は、**最初に現実的でない大きな要求を提示し、相手に断られたら、それよりも小さな要求を提示する方法**です。例えば、「営業資料を明日までにまとめてくれる?」と頼み、相手が断ったら、「じゃあ、今週中なら?」と妥協案を提示するのです。相手からすると、「相手が譲歩してくれた」と感じ、**「返報性の原理」**（➡ P24）がはたらいて、「引き受けなければ」と思ってしまうのです〔**図1**〕。

　頼むときに、**理由をしっかり伝えること**も効果的です。例えば、「営業資料が、来週の会議に必要だから、今週中にまとめてくれる?」と理由を添えることで、承諾されやすくなるのです。これを、**「カチッサー効果」**といいます。

　また、ただ要求するよりも、**二者択一によって要求**した方が、承諾されやすくなります。これが、**「誤前提提示」**です。例えば、「どのプランにしたい?」ではなく、「プランAとプランBのどちらにしたい?」と提示することで、**相手は与えられた選択肢の中で判断してしまうのです**〔**図2**〕。

▶ドア・イン・ザ・フェイスの実験〔図1〕

心理学者チャルディーニは、学生たちを対象に、ドア・イン・ザ・フェイスの実験を行った。

最初に、「2年間、毎週2時間、ボランティアでカウンセリング・プログラムに参加してほしい」と依頼したとき、承諾率は約17%だった。

最初の依頼を断られた後、「では、1日だけ子どもたちを動物園に連れて行ってほしい」と依頼すると、約50%が承諾した。

▶誤前提提示の活用例〔図2〕

誤前提提示は、ビジネスだけでなく、恋愛など幅広い分野で活用できる。承諾してくれることを前提にして、選択肢を提示することがポイント。

ダメな誘い方

今度、いっしょに食事に行かない？

「断る」という選択肢を相手に与えている

誤前提提示の誘い方

イタリアンと和食はどっちがいい？

今度、いっしょに食事に行こう！

食事に行くことを前提に、相手に選択させている

62
[仕事]

無駄な会議をなくす
テクニックがある?

なるほど! 「社会的手抜き」を避けるため、**参加者を制限!**
「集団極化」を避けるため、**発言の自由を確保!**

無駄な会議を、有益な会議にする方法はあるでしょうか?

まず、会議に参加する人数をしぼることです。集団で共同作業をするとき、**作業に携わる人数が増えるほど、手を抜く人が増えます。**これを、「**社会的手抜き（リンゲルマン効果）**」といいます〔**図1**〕。

つまり、会議の参加者が増えると、会議に消極的な人も増えるのです。しかし、参加者を減らしただけでは意味がありません。全員に意見を発表させるなど、**当事者意識を高める工夫**が必要です。

また、集団での意思決定は、極端になりやすいことがわかっています。集団では、「自分の集団は力があり、個人も集団に尽くしており、どんな困難にも負けない」という**「不敗幻想」**がはたらきやすく、**集団の結束を乱す意見は言えなくなります。**これを「**集団思考（集団浅慮）**」といいます。集団が討議により、個人よりもリスクの高い判断をしてしまうことを、**「リスキー・シフト」**といいます。しかし、集団に安全志向の強い人が多いと、より安全な方向に意思決定されます。これが、**「コーシャス・シフト」**です〔**図2**〕。

いずれにせよ、集団での意思決定は、個人よりも極端になりやすいのです。これを、**「集団極化」**といいます。会議での集団極化を避けるため、自由に意見が言える雰囲気にすることが大切です。

「集団」の力に影響を受ける「個人」

▶「社会的手抜き」の実験〔図1〕

20世紀初頭の農学者リンゲルマンは、綱引きなどの集団作業における、ひとりあたりのパフォーマンスを数値化した。その結果、集団の人数が増えるほど、ひとりあたりのパフォーマンスは低下した。

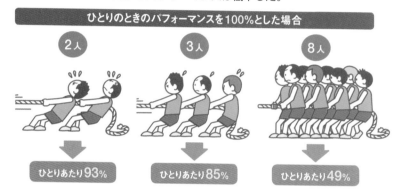

ひとりのときのパフォーマンスを100%とした場合

2人	3人	8人
ひとりあたり93%	ひとりあたり85%	ひとりあたり49%

▶「リスキー・シフト」と「コーシャス・シフト」〔図2〕

集団の討議で意思決定した場合、個人の判断よりも、極端な判断になる「集団極化」が起こりやすい。

リスキー・シフト

集団討議で、個人の判断よりもリスキーな判断をしてしまう傾向のこと。

コーシャス・シフト

安全志向の高いメンバーが多い場合、個人の判断よりコーシャス（慎重）な判断をしてしまう傾向のこと。

63
[自分]

ヒトの記憶は
信頼できる? できない?

**なる
ほど!** 事実でないことを事実と思う「**虚偽記憶**」は、
質問のしかたによって、かんたんにつくれる!

　長期記憶（➡P132）は事実と思いがちですが、すべてが事実ではない可能性があります。実際に起きていないことを、事実として記憶してしまうことを、「**虚偽記憶（過誤記憶）**」といいます〔**図1**〕。

　心理学者ロフタスは、**質問のしかたで、虚偽記憶をつくれる**ことを証明しました。ロフタスは、被験者全員に自動車事故の映像を見せて、数日後、被験者をAとBのグループに分け、Aグループに「2台の車は時速何kmくらいで**ぶつかり**ましたか?」と聞き、Bグループには、「2台の車は時速何kmくらいで**激突**しましたか?」と聞きました。すると、Aグループは正確に答えましたが、Bグループは、実際より速い速度を答えたのです〔**図2**〕。

　このように、事後の情報によって記憶が変化することを、「**事後情報効果**」といいます。アメリカでは、冤罪事件のうち少なくとも約75%の裁判で、事実とは異なる目撃証言が有罪の根拠とされていたと報告があります。

　また、ヒトは自分に都合のいいように記憶を歪曲するということもわかっています。心理学者アーメンダリッツらの調査によると、ヒトは「**他人から受けた親切**」より、「**他人にしてあげた親切**」を、平均して**35倍**も多く記憶していたそうです。

ヒトの記憶はあいまいなもの

▶ 虚偽記憶を植え付ける実験 〔図1〕

ロフタスは、意図的に虚偽記憶を植え付ける実験をおこない、ヒトの記憶があいまいであることを証明した。

家族の証言をもとに、事実の記録のほかに、「ショッピングモールで迷子になった」という、架空の記録を加えて被験者に提示した。

被験者のうち25%は、実際には経験していないのに、迷子になった経験を具体的に思い出した！

▶ 目撃証言を変える事後情報効果 〔図2〕

ロフタスは、被験者全員に自動車事故の映像を見せ、数日後、被験者をAとBのグループに分け、事故の様子を質問した。

Aグループへの質問

「2台の車は時速何kmくらいでぶつかりましたか？」 時速や事故の様子を正確に答えた。

Bグループへの質問

「2台の車は時速何kmくらいで激突しましたか？」 実際より速い時速を答え、実際には割れていないガラスを割れたと証言した。

映像を見た後に、「激突」という情報が与えられたことで、記憶が変化した。

64
[自分]

なぜ記憶は不完全？
「記憶の7つのエラー」

なるほど！ 記憶が正確すぎると脳の機能が混乱するため、「物忘れ」「不注意」「妨害」などが起きる！

どうしてヒトは、正確に覚えておけないのでしょうか？　心理学者シャクターは、記憶のまちがいの内容を7種類に分けました。その7種類とは、**「物忘れ」「不注意」「妨害」「混乱」「暗示」「書き換え」「つきまとい」**です〔**図1**〕。

こうした**「記憶の7つのエラー」**が起きるのは、**記憶が正確すぎると、五官からの膨大な情報で脳の容量がオーバーしてしまう**ためだと考えられています。脳は混乱を避けるために、効果的に忘れているのです。また、記憶が不完全なおかげで、思い出すと嫌な経験を忘れて、前向きに生きることができるのです。

とはいえ、記憶力はなるべくよい方がいいですよね。そこで、心理学者ヒグビーが提唱した**「ヒグビーの理論」**から、記憶力を高める7つのテクニックを見てみましょう。その7つとは、**「有意味化」「組織化」「連想」「視覚化」「注意」「興味」「フィードバック」**です〔**図2**〕。これらは、「意味のある情報、関連性のある情報、視覚化された情報などは記憶しやすい」といった脳の特徴を利用して、記憶を定着させるテクニックです。**「ツァイガルニック効果」**（➡P16）によって、途中で中断された作業は記憶に残りやすいこともわかっています。「覚えたいところでやめる」のもオススメです。

混乱を避けるための「記憶エラー」

▶ 記憶の7つのエラー〔図1〕

シャクターは、記憶のエラーを7つのタイプに分類した。

1 物忘れ
古い記憶が、時間とともにあいまいになる。

2 不注意
何かに気をとられて、うっかり忘れる。

3 妨害
思い出そうとしても、思い出せない。

4 混乱
記憶自体は正しいが、情報の出所をまちがえる。

5 暗示
誘導尋問などにより、記憶がつくられる。

6 書き換え
現在の感情により、過去の記憶が歪曲される。

7 つきまとい
思い出したくないのに、思い出してしまう。

▶ 記憶力をアップできる「ヒグビーの理論」〔図2〕

ヒグビーの理論には、実践的な暗記の7つのコツが記されている。

1 有意味化
丸暗記ではなく、意味を理解する。
例
express(表現する)
= ex + press
（外に）（押す）

2 組織化
関連性があるものを分類する。
例
英単語を接頭語(ex-, re-, in-, など)で分類

3 連想
すでに覚えていることと組み合わせて覚える。
例
年号の語呂合わせ

4 視覚化
言葉や記号にイメージを結びつける。
例
歴史人物の肖像画

5 注意
注意力を集中させて覚える。
例
暗記する範囲を限定

6 興味
対象を好きになることで覚える。
例
趣味に関連する知識

7 フィードバック
一度覚えた記憶を定着させる。
例
テストの見直し

好きな色で性格診断。
あなたの好きな色はどれ?

白は清潔、青はさわやかなど、色には連想されるイメージが
あり、好きな色によって、あなたの性格のタイプがわかります。

診断結果

赤 ➡ 情熱的で積極的。情緒不安定になりやすい。

ピンク ➡ おだやかで愛情深い。繊細で依存心が高め。

オレンジ ➡ 活発で社交的。八方美人で嫉妬深い。

黄 ➡ 好奇心旺盛で野心家。新しい物好きで、あきっぽい。

緑 ➡ 平和主義的で思慮深い。保守的でおしゃべりな面も。

青 ➡ 知的で物静か。安定思考で、上下関係を重視。

紫 ➡ 高貴で神秘的な志向が強い。うぬぼれが強い。

茶 ➡ 責任感が強いリーダー型。おせっかいな面も。

黒 ➡ 感受性が高く、プライドが高い。孤独な傾向も。

白 ➡ 理想主義的で、まじめな努力家。潔癖主義な面も。

〔解説〕

「色」は、心理に強い影響を与えます。例えば、白には、多くのヒトが「清潔感」や「清純」をイメージします。病院で白が多く使われ、ウェディングドレスが白なのは、このためです。**色が与える心理的な効果や影響は、「色彩心理学」**として、近年、研究が進んでいます。色の効果は、広告やファッション、教育、医療など、さまざまな分野で活用されています。

心理学者ルッシャーは、**好きな色には心理学的な意味があり、その人の性格や願望、欲求などが投影される**と考えました。白を好きな人は、「清潔」「清純」でありたい、また、そう見られたいという無意識の願望があるというのです。特定の色が好きな人は、特定の性格傾向があるといえるでしょう。

相手を説得するには
結論は最初? 最後?

なるほど! 興味を示す相手には「**クライマックス法**」、
示さない相手には「**アンチ・クライマックス法**」!

　相手を説得する方法には、説明を終えた最後に結論を提示する「**ク
ライマックス法**」と、結論を最初に提示してから説明をはじめる「**ア
ンチ・クライマックス法**」の2種類があります〔**図1**〕。

　クライマックス法では、まず、状況やデータなどを先に説明しま
す。この説得法は、**相手がその話題に強い興味をもっている場合**に
適しています。しかし、興味のない相手には、なかなか結論にたど
り着かないので、途中であきられてしまう可能性があります。

　最初に結論を提示するアンチ・クライマックス法は、**相手がその
話題に興味をもっていないか、もっているかどうかわからない場合**
に効果的です。もし、説明が途中で終わっても、相手に意図を伝え
ることができます。ですので、**ビジネスの場面では、アンチ・クラ
イマックス法が適していることが多い**といえます。

　心理学者ペティと神経科学者カシオッポは、ヒトは説得を受けた
とき、「**中心的ルート（論理的関与）**」と、「**周辺的ルート（感情的
関与）**」の2種類の思考パターンによって、情報を処理すると提唱
しました。これを、「**精緻化可能性モデル**」といいます〔**図2**〕。

　つまり、他人を説得するには、論理的・合理的な説明と、感情に
訴えかける説明の両方があるということです。

場面によって説得法を使い分ける

▶2種類の説得法〔図1〕

他人を効果的に説得する話し方には、クライマックス法とアンチ・クライマックス法の2種類がある。

クライマックス法	
要点	先に説明して、最後に結論を話す。
利点	順序立てて説明でき、興味を少しずつ高められる。
場面	相手が話題に興味・期待を示しているとき。

アンチ・クライマックス法	
要点	先に結論を言い、説明を続ける。
利点	興味をかき立てやすく、途中でも意図を伝えられる。
場面	相手が話題に興味を示していないとき。

▶精緻化可能性モデル〔図2〕

ヒトは説得されるとき、正確な情報による論理的判断と、感情的で直感的な判断の2種類のルートがあるという考え方。

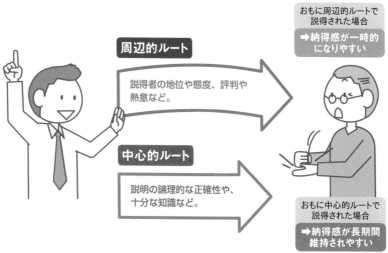

周辺的ルート

説得者の地位や態度、評判や熱意など。

おもに周辺的ルートで説得された場合
➡納得感が一時的になりやすい

中心的ルート

説明の論理的な正確性や、十分な知識など。

おもに中心的ルートで説得された場合
➡納得感が長期間維持されやすい

66
[仕事]

心理学的に交渉に役立つテクニックは？

なるほど！ 交渉術には「**フット・イン・ザ・ドア**」や、「**ロー・ボール・テクニック**」などがある！

心理学的に、交渉に役立つテクニックを見てみましょう〔**右図**〕。

頼みごとをするときには、大きな要求から小さな要求をする「**ドア・イン・ザ・フェイス**」（➡ P160）が効果的ですが、これとは逆に、小さな要求から大きな要求に発展させる「**フット・イン・ザ・ドア**」というテクニックもあります。小さな要求を承諾した後に、大きな要求を断るのは矛盾と感じてしまうため、この矛盾を解決しようとする「**認知的不協和理論**」（➡ P54）が作用するのです。

最初に好条件を提示し、承諾してもらった後にデメリットを伝えたり、オプションで値段をつりあげたりする「**ロー・ボール・テクニック**」もあります。一度、承諾してしまうと、断りにくいという心理を利用したものですが、信頼を失う危険性もあるので注意。

極端にハードルの低いお願いをして承諾してもらう「**イーブン・ア・ペニー・テクニック**」もあります。「少額でいいので寄付をください」という意味で、例えば、「説明に１分だけお時間をください」などのように使われます。このほか、おまけや割引、特典などをつけて、お得感を演出する「**ザッツ・ノット・オール・テクニック**」もあります。この手法は、相手が判断に迷っているときに効果を発揮しますが、頻繁に使うと、特典の価値は下がっていきます。

心理学を利用した交渉術

▶ 交渉をうまく進めるためのテクニック

心理学を利用した交渉術は数多くある。ビジネスなどで活用される代表的な４つのテクニックを紹介。

フット・イン・ザ・ドア

訪問販売時、ドアに足を入れさせてもらう手法が由来。小さな要求を承諾させた後、大きな要求を提案する。

例 試着をすすめた後に、購入を提案する。

ロー・ボール・テクニック

捕球しやすいよう、「低いボール」を投げるというのが由来。好条件で承諾させた後、悪条件を明らかにする。

例 契約をさせた後に、厳しい違約金の説明をする。

イーブン・ア・ペニー・テクニック

「1ペニーだけ」という意味で、日本でいえば「1円だけ」。極端に低い条件を提示して、交渉を開始する。

例 実演販売で、「1分だけでも見て」などと呼びかける。

ザッツ・ノット・オール・テクニック

高級ワイン

直訳は、「それが全部ではない」。「おまけ商法」とも呼ばれ、特典や割引を提案して交渉する。

例 通販番組で、「特典にもう1本」などと呼びかける。

67

[恋愛]

別れ話を逆転させる
心理学的な手法がある?

なるほど! いったん相手の別れ話を受け入れて、
「認知的不協和理論」で気持ちに矛盾をつくる!

　恋愛において、カップルがお互いに求めるものは変化していきます。心理学者マースタインは、恋愛の発展を、**「刺激（Stimulus）」**「**価値観（Value）」「役割（Role）」**の3段階に分け、各段階を乗り越えていくことで、恋愛関係を深められると提唱しました。これを、**「SVR理論」**といいます〔**図1**〕。

　つまり、付き合った当初は見た目などの刺激が大切で、やがて趣味や価値観が大事になり、最後に、仕事や家事などの役割をお互いがしっかりもてることで、関係が長続きするのです。

　S段階、V段階で気持ちが合わないと、破局につながる可能性が高まります。しかし、別れ話を切り出されたとき、「別れないでほしい」と素直に伝えるのは、逆効果。**自由を制限されると抵抗したくなる**という**「心理的リアクタンス」**（⇒ P74）が作用し、「別れたい」という感情が強まるのです。ですので、別れたくないときは本心を隠して、「わかった。今までありがとう」と伝える方が、効果的です。「別れたくない」という返事を期待していた相手は、「私のことを好きじゃなかったの？」「引き止めないの？」と動揺し、矛盾を感じます。このとき、**矛盾を解決したい**という**「認知的不協和理論」**（⇒ P54）により、気持ちが変わる…かもしれません〔**図2**〕。

恋愛関係を維持するために

▶ SVR理論による恋愛の3段階 〔図1〕

恋愛には3つの段階があり、各段階を乗り越えることで関係を深められる。

第1段階	第2段階	第3段階
刺激（Stimulus）	**価値観（Value）**	**役割（Role）**
重視する要素	重視する要素	重視する要素
容姿、服装などの外見や、社会的な地位など	趣味や嗜好、物事に対する態度や考え方など	仕事や家事など、生活するうえでの役割分担など

▶ 別れ話への対応 〔図2〕

別れ話を切り出されたとき、拒絶するか、受け入れるかによって、相手の気持ちが変化する。

別れたくないと伝えた場合

「別れたい」という自由が侵害され、反発を感じる。

⬇

心理的リアクタンスが作用し、別れたい気持ちが強まる…

別れ話を受け入れた場合

「引き止めないの？」と思い、動揺する。

⬇

認知的不協和理論が作用し、気持ちが変わる可能性が高まる！

Q 会社の生産性を上げるために最も効果的な改善ポイントは？

| 休憩時間 | or | 給料／ボーナス | or | 人間関係 | or | 仕事内容 |

会社で業績を上げるためには、さまざまな対策が考えられますが、従業員のモチベーションをアップさせて、生産性（能率）を上げるには、何を改善するのが最も効果的でしょうか？

ハーバード大学の精神科医メイヨーらは、1924年から8年間、アメリカの電気会社のホーソン工場で、照明の明るさが生産性に与える影響を調査しました（**ホーソン実験**）。その結果、照明を明るくすると生産性が上がりましたが、その後、**照明を暗くしても生産性は上がり続けた**のです。

続いて、無作為に選んだ従業員に、作業部屋の温度や湿度、労働日数や休憩時間、賃金などを変化させて、リレーによる機器の組み立て実験を実施しました**（リレー組み立て実験）**。その結果、労働条件を改善すると生産性は上がりましたが、その後、**労働条件を悪くしても、生産性は上がり続けた**のです。

労働条件を改悪しても、生産性が向上したのは、従業員が観察されていることを意識し、**「期待に応えたい」**という心理がはたらいたためです。このように、**注目を浴びることで、好結果を生み出す効果のことを「ホーソン効果」**といいます〔**下図**〕。

ホーソン効果

「注目されている」と感じた人は、期待に応えようとして好結果を生み出す。例えば、部下は、上司から関心をもたれると力を発揮しやすい。

そこで、メイヨーらは約2万人の従業員と面談し、聞き取り調査をしました**（面談実験）**。すると、職場での**人間関係の満足度が、従業員のモチベーションをアップさせている**ことがわかったのです。

続いて、従業員をグループ分けしてバンク（電話交換機）の配線作業をおこなわせました**（バンク配線作業実験）**。すると、上司と従業員との関係が良好なグループの方が、生産性は上がったのです。

これらの一連の実験結果から、生産性の向上には、人間関係が重要であることが明らかになったのです。

心理学的にストレスを抑えるコツはある?

なるほど! アウト・プットによる「**カタルシス効果**」や、「**ペルソナ**」をつける方法などがある!

　不満やストレスがたまったとき、どう対処するとよいのでしょうか?　イライラを解消できる心理学のテクニックを紹介します。

　HSP (⇒P150) の対処法でも紹介したように、**ストレスの原因を日記などに書き出してみましょう**。わざわざ書き出すと、嫌な気持ちを思い出しそうですが、**感情はアウト・プットすると忘れやすくなります**。これを**「カタルシス効果」**といいます。逆に、忘れようとするほど、忘れられなくなってしまいます〔**図1**〕。

　また、ヒトは意思決定をするとき、先行する情報を基準に判断する傾向があります **(アンカリング効果)** (⇒P130)。これを利用して、**楽しい記憶**を呼び起こし、ストレスを抑える方法もあります。

　職場で嫌な言い方をされたときなどは、「自分は超一流のビジネスマン」と、**別人格になりきって対処**すると、イライラを抑えやすくなります。これは、**「ペルソナ・ペインティング」**と呼ばれる方法で、ペルソナ(仮面)をつけてストレスを受け流すのです〔**図2**〕。

　ヒトは、**「感情一致効果」**の作用で、無意識のうちに自分の感情とリンクした情報を集めようとします。つまり、マイナスな感情を抱いていると、マイナスな情報ばかりを集めてしまうのです。**ネガティブになったら、すぐにリラックス**するよう、心がけましょう。

俳優気分でストレスを回避

▶ 忘れようとすると、忘れられない〔図1〕

心理学者ウェグナーは、シロクマの生態映像を見せた被験者たちをA・B・Cの3グループに分け、それぞれに次のように言った。

A グループ
今見た
シロクマのことを、
よく考えて
ください

B グループ
今見た
シロクマのことを、
考えても、考えなくても
いいです

C グループ
今見た
シロクマのことを、
絶対に考えないで
ください

一定の期間後、各グループにシロクマの映像を覚えているか質問したところ、一番覚えていたのはCグループだった。

ある対象を考えないようにしようとすると、そのつど、ある対象を思い出す必要があるため、その結果、覚えてしまう！

▶ ペルソナ・ペインティング〔図2〕

心理学者ユングは、ヒトの人格は複数あり、場面に応じてペルソナ（仮面）を使い分けていると説いた。

職場の上司に理不尽な対応をされたときは、「部下」という仮面ではなく、「困難に立ち向かう優秀な主人公」など、別人格を演じてみると、平常心を保てる。

69 [日常] 迷惑行為をする人は どんなタイプ?

なるほど! 不満が強い人は統制力が弱まると「逸脱」する。迷惑者という「ラベリング」で本物の迷惑者に!

授業中に私語をくり返したり、電車の中で騒ぐなど、社会生活において**迷惑行為**をする人がいます。こうした迷惑行為は、心理学では**「逸脱」**と呼ばれますが、なぜ、逸脱をするのでしょうか?

ヒトは、欲望が満たされずにストレスがたまると、緊張状態におちいって、**攻撃衝動**が生まれます。この考え方を、**「緊張理論」**といいます。攻撃衝動は、法や社会規範、良心などに統制されていますが、**統制力が弱まると、逸脱が起こる**といわれます。これを、**「統制理論」**といいます〔**図1**〕。

また、非行・犯罪グループに属している人は、グループのメンバーが万引きなどの犯罪行為をするのを見てその手口を学び、同じように実行します。そして、「犯罪行為をしてもいい」という価値観を共有し、逸脱を続けます。つまり、逸脱を「文化」として継承しているのです。これを、**「文化学習理論」**といいます。

このほか、ヒトは周囲から「迷惑者」「非行少年」「不良」などと**ラベリング（レッテル貼り）**されると、そのラベリングどおりの行動をするようになります。これを**「ラベリング理論」**といいます。たまたま逸脱した人でも、「あいつは迷惑者」とラベリングされることによって、本物の迷惑者になっていくのです〔**図2**〕。

迷惑行為をする人たちの心理

▶ 逸脱行為をするまで 〔図1〕

「逸脱」が起きるのには、緊張理論と統制理論が関係している。

緊張理論

欲求不満などのストレスが緊張状態を引き起こす。

▶ 攻撃衝動が生まれる!

統制理論

良心や法などの統制力が弱まると、逸脱を起こす。

▶ 攻撃的な態度をとる!

▶ ラベリング理論 〔図2〕

「逸脱」は、周囲からレッテルを貼られることで起きるという理論。

ラベリングが逸脱を生み出す例

先輩から無理やり、一度だけ万引きをさせられた少年が、教師から、「おまえは泥棒だ」と決めつけられる。

少年は精神的に追いこまれて、万引きをくり返すようになる。

70
[日常]

どうしていじめは なくならないの?

なるほど! 「**緊張理論**」で攻撃対象を探している人が、 集団になじめない「**黒い羊**」を標的にする!

　　いじめは、学校でも職場でも大きな社会問題になっています。なぜ、いじめはなくならないのでしょうか。

　「**緊張理論**」（➡P180）の観点で考えると、いじめをするのは、欲求不満などのストレスによって**攻撃衝動を高めている人**だと考えられます。そして、集団のルールに従わない人を攻撃対象に選んで、いじめをするのです〔**図1**〕。

　　心理学者マルケスは、「特定の集団に所属するメンバーは、**集団に好ましい特徴をもつ人をより高く評価し、集団に好ましくない特徴をもつ人をより低く評価する**」と主張。これを、「**黒い羊効果**」（または**内集団バイアス**）といいます。黒い羊とは、白い羊の集団に混じった黒い羊のことで、「家族・仲間の恥さらし」という意味があります。つまり「同じ集団のメンバー」とみなされないと、集団に属さない他人よりも厳しい評価を受け、邪魔者扱いされてしまうのです。特に、**帰属意識の強い人が多い集団**では、黒い羊効果が生まれやすいとされ、いじめの対象にされてしまうのです〔**図2**〕。

　　また、黒い羊効果によって、邪魔者以外のメンバーの結束力は高まります。つまり、集団をまとめる「**いけにえ**」として、特に理由がなくても、ある人物を標的にしてしまうことがあるのです。

▶「緊張理論」で起こるいじめ〔図1〕

緊張理論では、ヒトは本能的に攻撃性を秘めているとされる。

欲求不満などのストレスによって、攻撃衝動は高まり、発散しようとする。

集団のルールから外れた人などを攻撃対象に定め、いじめるようになる。

▶集団から人を排除する「黒い羊効果」〔図2〕

ある集団において、その集団の価値観に合う人はメンバーから高く評価されるが、価値観に合わない人は排除されてしまう。

高く評価される人	低く評価される人
部長主催の飲み会に参加することが暗黙のルールの部署では、飲み会に参加していれば、仲間として優遇される。	いくら仕事ができても、飲み会に参加しなければ、集団外の他人より低く評価され、いじめに発展することもある。

71

[自分]

うつ病になりやすい
タイプがある?

なるほど! うつ病の原因は神経伝達物質の不足。
几帳面な人がなりやすいが、誰でもかかる!

　うつ病は、気分の変動を長期間コントロールできなくなる**「気分障害」**のひとつで、落ちこんだ気分が2週間以上続きます。集中力の低下や、興味・関心の喪失、自殺願望などの精神症状だけでなく、睡眠不足や食欲減退などの身体症状も現れます。ゆううつ感が朝方に強まり、夕方に弱まるのも特徴です〔**図1**〕。

　うつ病を発症するのは、家族との離別や、就職、転職、失業、転居、出産など、**生活上の変化によるストレスがきっかけ**となる場合が多いとされます。うつ病になりやすいのは、**几帳面で責任感が強く、周囲に気づかいをするタイプ**だといわれますが、日本人の15人に1人はうつ病を発症するとされ、めずらしい病気ではありません。近年では、うつ病の原因は、**神経伝達物質のセロトニンやアドレナリン、ドーパミンなどの不足による脳の病気**とされ、それらの分泌を促進する薬物を使った治療も進んでいます。

　うつ病（うつ病性障害）は、**「大うつ病性障害」「小うつ病性障害」「気分変調性障害」**に分けられます。また、うつ状態と躁状態（活動的で高揚した状態）をくり返す**「双極性障害」**は気分障害のひとつで、かつては、うつ病の一種と考えられてきましたが、現在は別の病気とされ、治療法もちがっています〔**図2**〕。

うつ病はめずらしくない病気

▶ うつ病の典型的な症状〔図1〕

日常生活に支障が出るレベルで落ちこんだり、ゆううつになる感情が、ほぼ毎日、2週間以上続く場合、うつ病の可能性がある。

精神症状

◆ 落ちこみ、ゆううつ感
◆ 不安、焦り、イライラ
◆ 集中力・意欲の低下
◆ 興味・関心の喪失
◆ 自殺願望
　など

身体症状

◆ 睡眠不足、過眠
◆ 食欲減退、過食
◆ 動悸、頭痛、耳鳴り
◆ 生理不順、性欲減退
◆ 疲労感、倦怠感
　など

※うつ病患者のほとんどは、睡眠障害を抱えているといわれる。

▶ うつ病の分類〔図2〕

気分障害は、うつ病（うつ病性障害）と双極性障害に分類される。

気分障害（気分の変調が生活に支障をきたす病気）	
うつ病性障害	双極性障害
大うつ病性障害	**双極Ⅰ型障害**
強いうつ症状がある。	強い躁症状がある。
小うつ病性障害	**双極Ⅱ型障害**
軽いうつ症状がある。	軽い躁症状がある。
気分変調性障害	**気分循環性障害**
軽いうつ症状が慢性的に続く。	軽い躁症状が慢性的に続く。

あなたの人間性がわかる？
魔法のアルファベット「E」

自分のおでこに指で、アルファベットの大文字「E」を書いてみてください。それだけで、あなたの性格がわかります。

[診断結果]

◆ **相手から読めるように**
　「E」を書いた人

　➡ **他人の目を気にするタイプ**

　空気を読む能力は高いタイプ。思ったことを言えなかったり、緊張しやすかったりもする。

◆ **自分が読めるように**
　「E」を書いた人

　➡ **自己中心的なタイプ**

　自分の思ったとおりに行動するタイプ。空気を読む能力は低く、わがままに見られることもある。

〔解説〕

　これは、心理学者ハスが考案した**「自己意識」**を調べる実験です。自己意識とは、**自分自身に向けられる意識**のことで、**「公的自己意識」**（他人から自分がどう見えるか）と、**「私的自己意識」**（自分の内面を自分でどう見ているか）に分けられます〔下図〕。

　ハスは、自己意識を調べるため、被験者たちに、おでこに「E」を書いてもらうテストを実施しました。結果は、カメラを向けて公的自己意識を高めた状況では、54％が「E」を相手に読めるように（自分から見るとカタカナの「ヨ」）を書きました。**他人の目を気にする**ので、無意識に相手の立場で考えてしまうのです。

　一方、公的自己意識が低くなる普通の状況では、「E」を相手に読めるように書いた人は32％でした。私的自己意識が高いと、**相手の立場で考えることが苦手**になってしまうといいます。

公的自己意識
（自己の外見に関する意識）

身体や服装、しぐさなど、他人が認識できる外見に価値を置く。

私的自己意識
（自己の内面に関する意識）

自分の感情や考え方など、他人が認識できない内面に価値を置く。

　しかし、公的自己意識は、高ければいいわけではありません。周囲を気にしすぎると、自分の意見を言えなくなります。要は、バランスをとることが大事なのです。まずは、おでこに「E」を書いて、**自分の自己意識の傾向**を知っておきましょう。

72 会議を有利に進める席順がある?

[仕事]

なるほど! 会議の席順は「スティンザー効果」を利用して、**協力者を正面**に、**対立者を正面以外**に設定!

職場の会議や商談などでは、同じテーブルに着席することが多いもの。このとき、会議の席順は自然に決まるように見えますが、実は、参加者の心理が大きく作用しています。

例えば、長方形のテーブルの場合、**リーダーは全体を見渡せる位置**に座ります。**会議に消極的な人は、入口に近い方のテーブルの端**に座る傾向があります〔**図1**〕。

小集団における心理効果を研究していた心理学者スティンザーは、会議中などに起こる現象について、**3つの原則**を発見しました。それは、「以前に対立した相手は、正面に座ることが多い」「ある発言の後には、反対意見が出ることが多い」「議長のリーダーシップが強い場合、参加者はとなりの人と私語を交わすことが多く、議長のリーダーシップが弱い場合、正面の人と私語を交わすことが多い」というもの。これを、**「スティンザー効果」**といいます〔**図2**〕。

スティンザー効果を応用することで、会議を有利に進めることが可能です。まず、自分の正面に反対意見の人を座らせず、協力者を座らせること。さらに、自分の発言後に協力者に賛成意見を言ってもらえば、自分の意見が通りやすくなるでしょう。また、**丸テーブルを使うと、参加者全員から意見が出やすくなります**。

席順から見える参加者の心理

▶会議の席順と参加者の関係

〔図1〕

長方形のテーブルの場合

C B D

A

C B D

A の席

全体が見渡せるのでリーダーが座る。

B の席

リーダーの補佐役が座ることが多い。

※Bに座るリーダーは、チームの和を重視するタイプ。

C D の席

活発な議論をするタイプが座る。

※入口に近い方の席は、会議に消極的なタイプが多い。

▶スティンザー効果と席順の関係 〔図2〕

スティンザー効果によると、正面の席に座った人とは対立しやすく、となりに座った人とは同調しやすい。

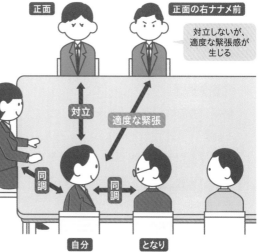

正面

正面の右ナナメ前

対立しないが、適度な緊張感が生じる

となり

対立

適度な緊張

同調

同調

自分

となり

73 恋愛を長続きさせるコツ？「愛の三角形理論」

[恋愛]

なるほど！ 「愛」を構成している3つの要素は、「親密性」「情熱」「コミットメント」！

「愛」とは何でしょうか？　その意味を正確に言葉にするのはむずかしいものですが、心理学者スタンバーグは、愛を図形化して表現しました。それが、**「愛の三角形理論」**です。

　スタンバーグによると、愛を構成しているのは、**「親密性」「情熱」「コミットメント」**の3要素とされます。親密性とは、相手に親しみを感じたり、いっしょにいると幸せや落ち着きを感じたりする感覚。情熱とは、性的な欲求や、相手を独占したいという激しい感情。コミットメントとは、相手に対する責任感や義務感などで、献身的に相手に尽くそうとする感情です。そして、これらの**3要素の強弱によって、愛は8タイプに分類**されます〔**右図**〕。

　理想的な愛は、親密性・情熱・コミットメントがすべて強い**「完全愛タイプ」**ですが、誰にとっても、付き合った当初は高かった情熱が、付き合いが長くなると弱まっていくのは自然なことです。

　また、人によって愛に対する考え方もちがうものなので、「このタイプを目指すべき」ということはありません。ただ、**情熱が極端に強い場合、関係が短期的に終わるリスクが高い**という調査結果もあります。愛を長続きさせるためには、3つの要素を意識して、お互いをいたわり、献身的になることが必要でしょう。

8つに分類された「愛」

▶ スタンバーグの「愛の三角形理論」

「親密性」「情熱」「コミットメント」の3要素によって、8つの「愛の形」に分類される。

完全愛
3要素のすべてが強く、理想的な愛の形。

友愛
刺激は少ないが、安定し、信頼のある状態。

ロマンティックな愛
付き合いはじめて、燃え上がっている状態。

不安定な愛
相手に貢ぐような、一方通行の関係。

好意・友情
異性というより、友だちに抱く感情に似ている。

空虚な愛
冷めているけど、関係を続けているような状態。

のぼせ
いわゆる、ひと目ぼれで、刺激的な関係の状態。

非愛
3要素のどれもが弱く、つまり愛がない状態。

深層心理は寝相に表れる？
性格がわかる「寝相診断」

寝相には、その人の深層心理や、現在の心理状態が表れる
といわれます。あなたの寝相は、どのタイプでしょうか？

❶ 抱きつき型
布団や枕を脚にはさみこむ姿勢。

❷ うつ伏せ型
完全にうつ伏せの姿勢。

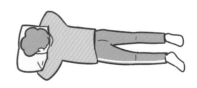

❸ 胎児型
横向きで、体全体を丸めた姿勢。

❹ 半胎児型
軽くひざを曲げた横向きの姿勢。

❺ 冬ごもり型
布団を頭からすっぽり包む。

❻ 王様型
仰向けで手足をのばした姿勢。

[診断結果]

❶ 抱きつき型 ➡ 理想家だが、欲求不満を抱えている状態

❷ うつ伏せ型 ➡ まじめで几帳面。やや自己中心的なタイプ

❸ 胎児型 ➡ 警戒心が強く、防御的。閉じこもりがちなタイプ

❹ 半胎児型 ➡ バランスのとれた性格。社会に順応できるタイプ

❺ 冬ごもり型 ➡ 慎重で思慮深い性格。繊細で悩みやすい面もある

❻ 王様型 ➡ 堂々とした自信家。不安やかくしごとがないタイプ

〔解説〕

　寝ているとき、ヒトは無意識の状態になります。精神分析医ダンケルは、寝相には深層心理が表れていると考え、**性格と寝相の関係**を研究・発表しました。その寝相は36種類ありますが、ここでは代表的な6種類の寝相を紹介します。

　「抱きつき型」は理想家ですが、現実とのギャップに欲求不満を抱えている状態です。**「うつ伏せ型」**はまじめな性格で、計画的に物事を進めるのが得意ですが、やや自己中心的で支配的な面もあります。

　バランスがとれているのは**「半胎児型」**。寝返りがうちやすい姿勢からは、たまったストレスをうまく逃がせる性格がうかがえます。体全体を抱えこむ**「胎児型」**は、困難にさらされて防御的になっている状態が表れています。**「冬ごもり型」**は洞察力に優れていますが、繊細で落ちこみやすい面も。堂々として自信に満ちた**「王様型」**はオープンな性格で、男性に多いタイプです。

　自分の寝相を調べることで、自分の心理状態を分析してみるのもおもしろいでしょう。

緊急時に行動しない人は何を考えている?

周囲の行動に流されてしまう「**多元的無知**」と「**正常性バイアス**」で、避難が遅れてしまう！

洪水や土砂崩れなどが発生しそうになると、気象庁や自治体などから避難勧告が出されます。しかし、**危機が迫っているのに、避難しない人たち**もいます。なぜ、避難しないのでしょうか？

避難勧告が出されたとき、近所の人たちが避難をはじめているのを見た人は、「危険だ」と感じ、自分も避難しようとします。しかし、近所の人たちが避難していなければ、「大丈夫だろう」と判断してしまいます。このように、集団内でとられる行動について、自分は賛成していないのに、「**自分以外はその行動に賛成している**」と思いこんでしまう状況のことを、「**多元的無知**」といいます〔**図1**〕。自分以外に傍観者がいるときに率先して行動を起こさない「**傍観者効果**」（➡P32）も、多元的無知のひとつです。

また、「**正常性バイアス**」も、災害時の避難行動に制限をかけてしまう心理です。ヒトは精神のバランスを保つために、**予期しない事態に直面しても、「正常の範囲」だと認識する心理**が備わっています。未知のできごとが起きるたびに「非常事態だ」と反応してしまうと、日常生活を送れなくなるためです。しかし、突発的な災害が起きたときには、正常性バイアスの作用のために、身を守る行動をとるのが遅れることがあるので注意しましょう〔**図2**〕。

「大丈夫」と思いこむ心理

▶ 災害時における「多元的無知」〔図1〕

災害が起きたとき、自分は「危険だ」と感じても、周囲の反応によって、「大丈夫」と思いこみ、避難が遅れてしまうことがある。

ひとりの場合	周囲が避難する場合	周囲が避難しない場合
危険だと感じて避難する。	危険だと感じて、自分も避難する。	自分は危険だと感じても、周囲で避難する人がいなければ、「大丈夫だろう」と思いこんでしまう。

➡ この状態を多元的無知という！

▶ 災害時における「正常性バイアス」〔図2〕

「正常性バイアス」の作用で、ヒトは多少の非常事態が起きても、それを正常の範囲としてとらえようとするが、災害時に強く作用すると、逃げ遅れてしまう。

正常性バイアス

◆ 未知のできごとに対し、「正常の範囲」と判断する。
◆ 自分に都合の悪い情報を無視したり過小評価したりする。

台風による豪雨が続き、「大雨特別警報」が出されたとしても、「まだ大丈夫だろう」「浸水することはないだろう」などと考え、避難が遅れてしまうことがある。

75
[日常]

根拠のないデマは
どうして広まるの？

なるほど！ つい誰かに言いたくなる「**カリギュラ効果**」や、勝手に原因を推測する「**因果スキーマ**」が要因！

近年、SNSやネット上で、デマの拡散が問題になっています。なぜ、**根拠のないデマが広がってしまう**のでしょうか？

デマの拡散には、「**禁止されるほど、やってみたくなる**」という「**カリギュラ効果**」がはたらいています。「ここだけの話だから、言わないで」と言われると、根拠のない話でも、つい誰かに言いたくなってしまうのです。これは、自由を制限されると反発したくなるという「**心理的リアクタンス**」（➡P74）のひとつです。

デマを信じてしまうのは、自分が正しいと思うことや、自分の価値観に対して、都合のよい情報を集めるという「**確証バイアス**」（➡P93）が作用しています。また、他人の行動について、その人に対する情報が不足していても、自分の知識や経験などから勝手に原因を推測するという「**因果スキーマ**」も関係しています。

このほか、デマであるとわかっていながら、デマを信じたような行動をとる人もいます。例えば「ティッシュペーパーの生産が停止する」というデマが広がったとき、「自分はデマを信じていないけど、デマを信じる人が大勢いるだろうから、売り切れる前に自分も買っておこう」と考えるのです。これは、**「多元的無知」**（➡P194）による行動で、さらにデマを拡散させてしまうのです〔**右図**〕。

ヒトの心理は、デマを拡散しやすい

▶ デマが拡散してしまう理由

デマの拡散には、さまざまな要因が複合的に重なっていると考えられる。SNSの発達で、デマは拡散しやすい状況になっている。

カリギュラ効果

禁止されるほど、やってみたくなる心理。

「ここだけの話だから、拡散しないで」と言われると、つい拡散したくなる。

確証バイアス

自分の価値観に合う情報だけを集めて、それ以外の情報を無視するようになる。

自分が正しいと思うSNSの情報は信じるが、信じたくないテレビの情報は無視する。

因果スキーマ

他人の行動について、情報が不足していても、自分の経験などから勝手に原因を推測する。

たまたま見かけた芸能人が店員に怒っていたとき、原因を知らないのに「本当は短気な人」と判断してしまう。

多元的無知

自分が信じていなくても、周囲が信じていると思いこみ、周囲に合わせて行動する。

「デマが広がってティッシュが品薄になる」と判断した人は、デマを信じていなくてもティッシュを買い占める。

陰謀論を信じやすい人はどんな人?

[日常]

なるほど! 「真理の錯誤効果」や「単純接触の原理」で、その情報を真実だと思いこんでしまう!

例えば「人類の月面着陸は捏造」といった**陰謀論を強く信じる人**がいますが、こういった話題を信じるのはどうしてでしょうか?

陰謀論を信じやすい人は、自分の価値観に合った情報だけを集めてしまう**「確証バイアス」**（⇒P93）が作用し、陰謀論に関する情報ばかりを集めて信じてしまいます。このほか、**「真理の錯誤効果」**も関係しています。これは、まちがった情報でも、何度もくり返し接していると真実だと思ってしまうことです。くり返し接したものに親しみを抱く**「単純接触の原理」**（⇒P78）に関係した心理で、特にSNSでは、自分と同じような陰謀論者の情報ばかりを目にしてしまうので、その情報を真実だと思いこむのです〔図1〕。

また、信頼性の低い情報であっても、**時間が経過することで情報源に対する不信感を忘れて、情報そのものに対する信頼性が高まります**。これを、**「スリーパー効果」**といいます。一般的に、約1か月経つと、「情報源の情報」は忘れられ、「情報の内容」だけが記憶に残ります。このため、新聞やテレビより信頼性が低いSNSの情報でも、時間が経つと信じてしまうのです〔図2〕。

民衆操作を目的とするプロパガンダの名手だったナチスのゲッベルスは、**「嘘も100回言えば真実になる」**と語ったといいます。

▶ 真理の錯誤効果
〔図1〕

うなぎを知っている人に、「うなぎは新種の昆虫」という情報を何度も与えても信じない。

真理の錯誤効果は、事前に正しい知識をもっている人は影響を受けない。しかし、情報に重要性があり、しかもその情報があいまいな場合、くり返し与えられると信じやすくなる。

うなぎと梅干しをいっしょに食べると…

体調を崩す…？

重要性があるけど、根拠のない情報がくり返されると、それを信じる人が増える。

▶ スリーパー効果
〔図2〕

最初は信頼性の高い情報源の情報は信頼され、信頼性の低い情報源の情報は信頼されないが、約1か月後、情報源の情報の差はほとんどなくなる。

信頼性の高い情報源 ➡ 信頼される

仲のいい夫婦の情報（TV・新聞）

そうなんだ

約1か月後

情報源の記憶がうすれ、情報だけが頭に残る

情報の信頼度が下がる

そんなに仲がいいのかな？

信頼性の低い情報源 ➡ 信頼されない

本当かなぁ？

夫が不倫しているSNSの情報

約1か月後

情報の信頼度が上がる

不倫しているかも！

なぜ人はシェアしたり
つぶやきたくなるの?

なる ほど! 「認められたい」という「**承認欲求**」が原因。
攻撃的なつぶやきは「**没個性化**」の影響!

　SNSに多くの人が投稿したり、つぶやいたり、シェアしたりする
のはなぜでしょう?　おもな要因としては、**「他人から認められたい」**
という「承認欲求」が考えられます。

　承認欲求とは、ヒトの欲求の階層を示したマズローの**「欲求階層**
説」（→ P126）のひとつです。自分の投稿やつぶやき、シェアし
た記事に対し、「いいね」と評価してもらえると、承認欲求が満た
されるのです。しかし、SNSは手軽に他人から評価を受けられる
反面、**自分の投稿に対して反応がないと、不安や孤独を感じやすく**
なります。このため、評価を求めて投稿回数を急激に増やすなど、
「SNS依存症」になってしまう危険性があるのです〔**図1**〕。

　匿名（とくめい）を使う人が多いこともSNSの特徴です。**匿名だと、自己規**
制の意識が低下する「没個性化」が起こり、情緒的・衝動的な行動
をとったり、攻撃性が高まることがわかっています〔**図2**〕。これが、
SNSで他人を誹謗中傷（ひぼうちゅうしょう）する投稿が増える理由のひとつです。

　SNSには、マイナスな感情の投稿やつぶやきも多く見られます。
「カタルシス効果」（→ P178）によって、不安や怒りなどは言葉に
すると忘れやすくなります。SNSに書きこまれたマイナスな感情は、
誰にも話せない心の痛みが表れているのかもしれません。

▶ 承認欲求を満たすSNS〔図1〕

SNSには、「いいね」や「コメント」「フォロワー数」など、承認欲求を満たすしくみが整っている。

◆いいね多数
◆フォロワー多数
◆コメント多数
◆リツイート多数

最近、反応がよくない…

◆いいね減少
◆コメント減少

投稿回数が増加

承認欲求が満たされる

SNS依存症になる

▶ 「没個性化」で増す攻撃性〔図2〕

心理学者ジンバルドーは、匿名下では人が残虐になることを模擬刑務所実験で検証した（スタンフォード監獄実験）。

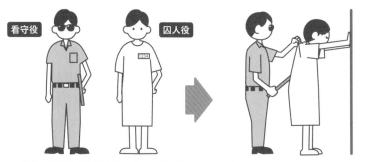

看守役　囚人役

被験者を看守役と囚人役に分け、看守役にはサングラスと制服を着用させ、囚人役には囚人服を着せ、ID番号で呼んだ。

時間とともに、看守役は囚人役に対して、命令的、攻撃的になり、残忍な行為を平気でするようになった。

78 [仕事] 少数派が多数派の 考えを変えるには？

なるほど！ 「**ホランダーの方略**」で指導者を利用したり、 「**モスコビッチの方略**」で主張をくり返す！

ヒトには、自分の意見を周囲に合わせてしまう**「同調」**（➡P46）の心理があるので、基本的には多数派の意見が優先されます。では、少数派が多数派の意見をくつがえす方法はあるのでしょうか？

少数派の意見が、多数派に影響を与えることを、心理学では**「マイノリティ・インフルエンス」**（少数者影響）といいます。マイノリティ・インフルエンスを起こすには、**「ホランダーの方略」**が有効です〔**図1**〕。ホランダーの方略とは、少数派に属しているけれど、過去にその集団において**大きな貢献をしたリーダーが、自分の影響力を利用して多数派を説得していく方法**です。売り上げを倍増させたカリスマ社員など、集団から信頼や尊敬を集めているリーダーが強く主張すると、多数派は「あの人が言うのだから、正しいのかも」と、意見を変える可能性が高まるのです。

少数派にリーダーがいない場合は、**「モスコビッチの方略」**がオススメです〔**図2**〕。モスコビッチの方略とは、**権力や実績のない少数派が一貫した主張をくり返す**ことで、多数派に「もしかして自分たちがまちがっているのかも」と思わせ、切り崩していく方法です。その際、多数派の意見を全否定すると賛同を得にくいので、多数派との共通点を示しつつ、争点を明確化するのがポイントです。

少数派が多数派を逆転する方法

▶ ホランダーの方略 〔図1〕

心理学者ホランダーは、会社などの集団において、実績があり、信頼・尊敬を集めている人は、その影響力で多数派を説得できると主張した。

ホランダーの信頼蓄積理論

ホランダーは、リーダーシップを発揮できる人は、次の手順で信頼を蓄積していくと提唱した。

1 コンプライアンス
（集団の規範に従う）

2 コンピタンス
（業績を上げる）

3 クレジット
（信頼を蓄積する）

▶ 「モスコビッチの方略」の実験 〔図2〕

心理学者モスコビッチらは、被験者たちを6人のグループに分け、36枚の明るさの異なる青色のスライドを見せ、何色に見えたか答えさせた。

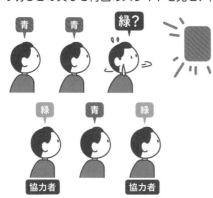

6人のうち2人は実験の協力者で、36枚すべてを「緑」と答えさせた。すると、残り4人のうち32%が、1回以上「緑」と答えた。

少数派の一貫した意見に
影響された！

あおり運転をするのは
どんなタイプ？

なるほど! 「**敵意帰属バイアス**」が強く、相手の行為を敵意や悪意から生じたものと**思いこむタイプ**！

　近年、問題になっている迷惑で危険な**「あおり運転」**。あおり運転をする人の心理は、どういうものなのでしょう？

　ハンドルを握ると攻撃性が高まるのは、**「没個性化」**（➡P200）や「ドレス効果」（➡P22）が影響していますが、相手の行為を敵意や悪意から生じたものだと考えてしまう**「敵意帰属バイアス」**が強いことが考えられます。あおり運転をする人は、**普通に走っていた車を「自分の敵」と認識している**のです〔**図1**〕。

　敵意帰属バイアスとは、単純に言えば**「被害妄想」「人間不信」**です。例えば、混雑時にぶつかった人に対して、敵意帰属バイアスが強い人は、反射的に「わざとぶつかってきた」と考え、その相手に「報復したい」という衝動を高めます。心理学者ドッジらの調査で、敵意帰属バイアスが強い人は、攻撃行動に出やすく、犯罪件数も多いことが明らかになっています〔**図2**〕。

　敵意帰属バイアスの原因は、**「認知のゆがみ」**です。実際には存在しない敵意を感じとっているのです。敵意帰属バイアスにとらわれやすいのは、過去に親から暴力を受けたり、いじめにあっていたりした人や、自己肯定感の低い人が多いといわれます。つまり、敵意帰属バイアスは、**自分を守るための防衛反応**ともいえるのです。

敵意や悪意を感じて「キレる」

▶ あおり運転を する人の心理 〔図1〕

あおり運転をする人の心理は、没個性化やドレス効果、敵意帰属バイアスなどが影響している。

没個性化

相手から顔が見えないという匿名性によって、自己規制の意識が低下する。

ドレス効果

鉄のボディに覆われている車と自分自身を、無意識に重ね合わせて強気になる。

敵意帰属 バイアス

急に割りこんだり、前をゆっくり走ったりする車を「敵」と認識し、報復したいと考える。

▶ 敵意帰属バイアスへの対処法 〔図2〕

敵意帰属バイアスが強い人に直面した場合、物理的な距離を置くことが必要。家族など親しい相手ならば、根気よく、認知のゆがみをほどいていく。

説明しようとしない

敵意帰属バイアスにおちいっている人は、誤解しているのではなく、認知がゆがんでいるので、無理に説明しようとすると、対立が激化する。

相手の話をひたすら聞く

自分の意見は言わず、相手の話に共感しながら聞き続け、相手を理解するように努め、敵意を与える存在でないと認識してもらう。

80
[自分]
逆境から立ち直る力?「レジリエンス」とは

なるほど! 「レジリエンス」は逆境をはね返す**成長力**!
「**ストレス耐性**」を強めることが重要!

私たちは、誰もが人生の問題に直面しながらストレスを抱えて生きています。困難や逆境に押しつぶされ、心が折れそうになる人もいます。近年、心理学の世界では、**逆境をはね返して立ち直り、成長できる能力を「レジリエンス」(適応力・復活力)** と呼び、レジリエンスを高める研究が進められています。レジリエンスの高い人は、チャレンジを求める**「新奇性追求」**、マイナスの感情をコントロールできる**「感情調整」**、将来の目標をもって努力できる**「肯定的な未来指向」** などの要素を備えています〔**図1**〕。

レジリエンスを高めるには、**「ストレス耐性」を強める**ことが必要です。ストレスを上手に発散するには、まず、運動習慣を身につけることが重要。運動によって、精神を安定させるセロトニンやエンドルフィンなどの神経伝達物質が分泌されるのです。

ストレスをあらかじめ予期する**「ストレス予期」** も効果的です。例えば、苦手な仕事がある日は「今日はイライラする」と予想しておくと、ストレスを受け流しやすくなります。ネガティブなことを、視点を変えてポジティブにとらえる**「リフレーミング」** も役立ちます。例えば、失敗したとき、「自分はダメだ」と落ちこむのではなく、「成長できるチャンス」だと考えるのです〔**図2**〕。

逆境から立ち直る「しなやかな心」

▶「レジリエンス」が高い人〔図1〕

困難に直面すると、誰もがネガティブな感情になり、落ちこんだ状態となる。しかし、レジリエンスが高い人は、すぐに立ち直っていく。

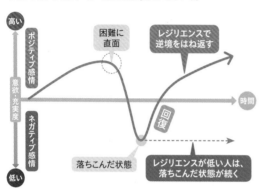

レジリエンスの高い人がもつ
3つの特徴

新奇性追求
新しいことを求めるチャレンジ精神。

感情調整
マイナス感情をコントロールできる力。

肯定的な未来指向
未来に明るい希望をもって努力できる力。

▶ ストレスを軽減させるテクニック〔図2〕

レジリエンスを高めるには、ストレスをためこむのではなく、そのつど、受け流したり、軽減させたりすることが重要。

ストレス予期

最初からストレスを予想!

休日にドライブするとき、出発前に「今日は渋滞しそう」と予想しておくと、実際に渋滞してもストレスは小さくなる。

リフレーミング

視点を変えて短所を長所に!

仕事の期限が迫っているとき、「あと1か月しかない」と焦るのではなく、「まだ1か月もある」と前向きに考える。

Q ヒトが感覚を遮断されて耐えられるのは最高で何日？

| 1日 | or | 6日 | or | 10日 | or | 100日 |

私たちは、目や耳、鼻、舌、皮膚などの感覚器官を使い、視覚・聴覚・嗅覚・味覚・触覚の五感によって世界を認識しています。もし、これらの五感を遮断されたとしたら、ヒトが耐えられるのは何日くらいでしょうか？

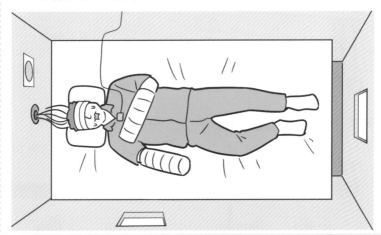

　心理学者ヘロンは、**ヒトが感覚を遮断されたときの状態を調べる実験**を行いました。この実験で被験者は、**目隠し**（半透明のプラスチックで光は入ってくるが形は見えない）をされ、**耳栓**をつけられ、両手に**筒**をはめられます。そして、防音処理された個室に入れられ、食事とトイレ以外は、やわらかいベッドの上で寝ることしかできな

い状態に置かれます。実験の経過報告は、個室に設置されたマイクを通じて行われました。

　何もすることができない被験者たちは、最初のうちはよく眠るようになりましたが、目覚めると落ち着きがなくなりました。この状態が2日続くと、被験者たちは、**自分で刺激をつくり出そう**として、ひとりごとを言ったり、口笛を吹いたりするようになります。さらには、思考力が低下し、体調を崩す人が出てきました。そして3日以上になると、**幻聴・幻覚・妄想などの症状が表れ、ほとんどが実験から脱落した**そうです。一番長く耐えられたのは6日でした。

　実験後に、被験者たちに計算や方向感覚、論理などのテストを実施すると、著しく能力が低下していました。このことから、**ヒトが正常な感覚を保つためには、変化に富んだ適度な刺激（ストレス）が必要**であることがわかったのです。

　ちなみに、人工的に感覚遮断状態をつくるために開発された「**アイソレーション・タンク**」〔**下図**〕は、リラックスを目的に心理療法などで使用されることがあります。しかし、効果に裏付けがあるわけではありません。

アイソレーション・タンク

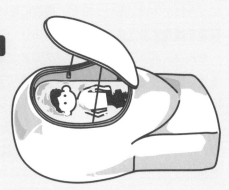

装置内には、高濃度の塩水が満たされていて、その上に浮かぶと無重力に近い感覚になる。ふたを閉めると、音と光が遮断される。

自分に言い訳を
してしまうのはなぜ？

なるほど！ 失敗しても**自尊心を守る**ことができる
「**セルフ・ハンディキャッピング**」のせい！

　試験前に、「全然勉強してない」などと言い訳をしたことはありませんか？　このように、**やる前から失敗する理由をつくることを、心理学では、「セルフ・ハンディキャッピング」**といいます。葛藤や痛みから自分を守ろうとする「防衛機制」（➡P66）の一種で、無意識にしてしまうことや、責任の転嫁などが特徴です。

　セルフ・ハンディキャッピングには、**「獲得的セルフ・ハンディキャッピング」**と**「主張的セルフ・ハンディキャッピング」**があります。獲得的セルフ・ハンディキャッピングは、例えば、試験前日に、夜遅くまでゲームをしてしまうなど、**失敗の原因を自分でつくり出す**ことです。主張的セルフ・ハンディキャッピングは、試験前に「今日は体調が悪い」など、**周囲に言い訳をすることで、自分の印象を操作する「自己呈示」**（➡P80）のひとつです〔**図1**〕。

　セルフ・ハンディキャッピングによって、**失敗しても自分に対する言い訳ができ、自尊心を守ることができます**。逆に成功すれば、自分への評価を高めることができます。しかし、失敗の原因から目をそらし続けると、向上心やチャレンジ精神が失われ、成功から遠ざかります。そうならないために、**「予言の自己成就」**（➡P154）を利用して、自分の夢や目標を宣言するとよいでしょう〔**図2**〕。

自分と周囲に「言い訳」する

▶ 2種類ある「セルフ・ハンディキャッピング」〔図1〕

結果が出る前の「言い訳」であるセルフ・ハンディキャッピングには、大きく2種類がある。

獲得的セルフ・ハンディキャッピング	主張的セルフ・ハンディキャッピング

失敗の理由をつくる！	周囲に言い訳する！
試験前日に、部屋の掃除をはじめるなど、自分から不利になる行動をとる。	「昨日、忙しくて勉強できなかった」などと、周囲に不利な状況をアピールする。

▶「セルフ・ハンディキャッピング」の克服法〔図2〕

セルフ・ハンディキャッピングが強いと、現実に向き合えなくなるため、成功率が下がり、周囲からの評価を下げる危険性もある。

予言の自己成就による克服

「自分はこうなる」と思って行動すると、その予言どおりの結果を出しやすくなるので、周囲に目標を宣言すると効果的。目標を紙に書いて壁に貼るのでもよい。

現実的な目標設定による克服

目標が高すぎて達成できないと、「次にがんばろう」と決心するだけで満足してしまう（偽りの希望シンドローム）。これを避けるため、達成可能な目標を定める。

夢であなたの心がわかる？
ざっくり「夢判断」

あなたが見る夢は、楽しい夢やうれしい夢が多い？　それとも、嫌な夢や怖い夢が多いですか？　夢の内容から、心理がわかります。

診断結果

◆ 楽しい夢・うれしい夢を見る人

　➡ 現実では、かなえられない願望が多い人

◆ 嫌な夢・怖い夢を見る人

　➡ 現実の幸せが、失われるのを恐れている人

〔解説〕

　ヒトが眠るのは、脳に一定時間の休息が必要なためです。そして、眠っているとき、**深い眠り（ノンレム睡眠）**と**浅い眠り（レム睡眠）**を、約90分間隔でくり返していることがわかっています〔**下図**〕。ノンレム睡眠は、体も脳も休んでいる状態ですが、レム睡眠は、**体は休んでいるけれど、脳は活動している状態**にあります。そして、睡眠中に見る**明確な「夢」は、レム睡眠のときに見る**とされています。

**レム睡眠と
ノンレム睡眠**

ノンレム睡眠でも夢を見るが、まとまりのない、あいまいなものになりやすい。

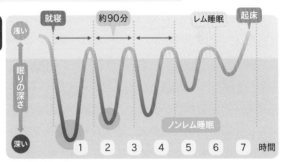

　フロイトは夢に**無意識の性的欲求**が現れるとして**「夢分析」**を重視し、ユングは夢を元型（➡P104）から意識に向けてのメッセージだと解釈しましたが、現在の臨床心理学では夢分析はあまりおこなわれていません。今も夢を見る理由は諸説ありますが、近年、「昼間の雑多な情報を整理するため」という仮説が注目されています。

　心理学では、**現実ではかなえられない願望が実現されている夢を「補償夢」**といい、欲求が満たされていない人が、夢の中で願望を実現していると考えられています。逆に、**嫌なことや恐れていることが起こる夢を「逆補償夢」**といい、現実に満足している人が見るとされます。夢で現実の幸せを確認し、起きると嫌な事態に備えているのです。**どちらの夢も、心を浄化する作用がある**とされます。

82
[基本]

男と女の心理は
ちがうもの？

なるほど！ 男女に**明確な心理的な差**は存在しないが、
男女の**性的なちがい**は心理に影響している！

　一般的に、「女性の方が男性より同時進行能力が高い」「女性の方が男性より感情表現が豊かで、共感力が高い」といわれたりします。その原因は、「**左脳**（言語・計算能力）と**右脳**（空間認識能力）をつなぐ**脳梁**（神経繊維）が、男性より女性の方が太いため、一度に処理できる情報が多いから」という説があります。しかし、脳も脳梁も、形質に関係なく瞬時に膨大な情報を伝えるため、**近年は、脳の形状が能力や感情に影響するという考え方は疑問視されています。**

　さまざまな心理実験によって、男女に明確な心理的な差は存在しないことが明らかになっています。感情豊かで共感力の高い男性も数多く存在します。**「男だから…」「女だから…」**といわれる特徴のほとんどは、根拠がないものなのです〔**図1**〕。

　しかし、男女の**性的なちがい**は、心理に影響を及ぼします。男性は健康な子孫を残すという本能から若く健康的な女性を求め、女性は子育ての時期に支援が必要なため、経済的に豊かな男性を求める傾向にあります。

　また、女性は**月経**（生理）前に**ホルモン**の分泌量が減少するため、**情緒不安定**になるというデータもあります〔**図2**〕。これも、男女の心理的なちがいに影響を与えている要因のひとつです。

男女のちがいを理解する

▶ 誇張された男女別の心理〔図1〕

男性と女性の心理には、ちがいがあるとされているが、そのほとんどは、性差を調査した何らかの結果が誇張されて広まったものだと考えられる。

男性
- 論理的に考える
- ストレスで黙る
- 結果重視
- 会話に意味や目的を求める
- 攻撃的

女性
- 直感的に考える
- ストレスでしゃべる
- プロセス重視
- 自分の話に共感してほしい
- 防御的

▶ 月経が与える心理的影響〔図2〕

女性は月経によって、女性ホルモン（エストロゲン）の分泌量が大きく変化し、精神状態に大きな影響を与える。

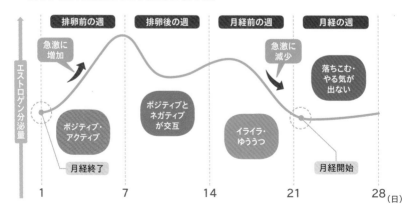

| 排卵前の週 | 排卵後の週 | 月経前の週 | 月経の週 |

急激に増加

急激に減少

落ちこむ・やる気が出ない

ポジティブ・アクティブ

ポジティブとネガティブが交互

イライラ・ゆううつ

月経終了

月経開始

エストロゲン分泌量

1　　　　7　　　　14　　　　21　　　　28 (日)

まだまだ知りたい！心理学用語 ⑬

本編で紹介しきれなかった心理学の用語を説明します。
心理学への理解をさらに深めましょう。

1 「ウェルテル効果」

ざっくり言うと… **自殺報道で自殺が増える！**

研究した人 デビッド・フィリップス 【アメリカの社会学者】

歌手、女優
○○○○さん
35歳
自殺により死亡!!

著名人の自殺報道によって、自殺者が連鎖的に増えてしまう現象のこと。若者が影響を受けやすく、また影響を受けた自殺者と同じ方法や場所で自殺する人が増えるのも特徴。ウェルテルとは、ゲーテの小説『若きウェルテルの悩み』で、最後に自殺する主人公の名前。当時、主人公をまねて自殺する若者が増加した。

2 「メラビアンの法則」

ざっくり言うと… **非言語コミュニケーションが重要！**

研究した人 アルバート・メラビアン 【アメリカの心理学者】

ヒトがコミュニケーションの中で相手に好意を感じるのは、見た目や表情、しぐさなどの「視覚情報」で、次は、声のトーンや口調などの「聴覚情報」。話の内容などの「言語情報」はあまり重視されない。メラビアンによると、重視の割合は視覚55%、聴覚38%、言語7%だとされる（メラビアンの法則）。

メラビアンの法則

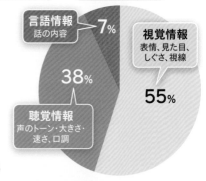

言語情報
話の内容 **7%**

視覚情報
表情、見た目、しぐさ、視線 **55%**

聴覚情報
声のトーン・大きさ・速さ・口調 **38%**

3 「バーンアウト」

ざっくり言うと… 燃え尽きて意欲を失う!

研究した人 ▶ ハーバート・フロイデンバーガー
【アメリカの心理学者】

強い使命感や責任感をもち、熱心に仕事などに打ちこんでいた人が、心身の極度の疲労によって急激に意欲を失ってしまうことで、「燃え尽き症候群」とも呼ばれる。かつては、医療・福祉従事者や教師で注目されたが、現在はさまざまな職種で見られる。うつ病の一種と考えられるが、一般的なうつ病より、絶望感や喪失感が大きいといった傾向がある。

バーンアウトの症状

◆情緒的消耗感
相手の要望に誠実に応えようとするため、仕事において、情緒を出し尽くし、消耗・疲弊していく。

◆脱人格化
情緒の消耗を防ぐ自己防衛反応として、相手に対して無情で非人間的な対応をとってしまう。

◆個人的達成感の低下
仕事などを通じて感じてきた有能感や達成感が急激に低下し、絶望感や喪失感につながる。

4 「ステレオタイプ」

ざっくり言うと… 多くの人に浸透した固定観念!

研究した人 ▶ ウォルター・リップマン 【アメリカのジャーナリスト】

ステレオタイプとは、多くの人が無意識に抱いている先入観や固定観念のことで、特徴が過度に単純化されているのが特徴。ステレオタイプは、信念や予期に一致するものだけに気づいて記憶する「選択的知覚」と、ステレオタイプに一致しないものを例外視する「サブタイプ化」によって維持・強化される。

選択的知覚

サブタイプ化

「女性はピンクが好き」というステレオタイプを抱いている人

ピンクの服を着た女性を見ると、「やはり女性はピンクが好きだ」と思う。

青の服を着た女性を見ると、「変わった女性だ」と、例外視する。

5 「社会的ジレンマ」

ざっくり言うと… 個人の利益と社会との対立！

研究した人 ▶ **ギャレット・ハーディン**【アメリカの生物学者】

社会において、個人にとって合理的な選択をすると、社会にとって非合理な結果となってしまう状況。例えば、共同牧草地でそれぞれの農家が利益を求めて家畜の放牧数を増やすと、牧草が不足して共倒れする（共有地の悲劇）。別の例としては、大勢で食事をするとき、あらかじめ「今日は割り勘」と伝えると、全員が高価な料理を注文して、食事代が高くなる（割り勘のジレンマ）。

共有地の悲劇

共有地で、各自が適度に使用すれば存続できる資源も、自分の利益のために過剰に消費する人が増えると、共有地全体が荒廃し、それぞれの利益も下がる。

社会的ジレンマの例 ◆路上駐車・駐輪 ◆道路の渋滞 ◆環境問題 など

---

6 「ヒューリスティック」

ざっくり言うと… 先入観で解答を導く思考法！

研究した人 ▶ **ダニエル・カールマン、エイモス・トベルスキー**【ともにアメリカの心理学者】

計算などを使った論理的な思考法の「システマティック」に対し、限られた情報に基づいて、経験則や直感で判断することを「ヒューリスティック」という。行動経済学（➡P130）の基本理論であるヒューリスティックには、ステレオタイプと比べて判断する「代表性ヒューリスティック」や、入手しやすい情報に頼る「利用可能性ヒューリスティック」などがある。膨大な情報があふれる日常生活においてヒューリスティックは有用だが、深刻な判断ミスを犯すこともある。

代表性ヒューリスティック

ある集団に属しているものが、その集団の性質を代表していると考える。身長が高い人を見ると、バスケが得意と思うことなど。

利用可能性ヒューリスティック

最も思い出しやすい情報を、優先的に判断材料として決める。スーパーで商品に迷ったとき、CMで見た商品を選ぶことなど。

7 「言語隠蔽効果」

ざっくり言うと… 言葉が記憶をじゃまする！

研究した人 ▶ ジョナサン・スクーラー【アメリカの心理学者】

言語を使うことで、非言語的記憶が妨害されること。例えば、人の顔を覚える実験では「鼻が高い」「目が大きい」など、特徴を言葉にして記憶する方が、イメージだけでぼんやりと記憶するよりも記憶レベルが下がることがわかっている。ワインのテイスティング実験において、味覚や嗅覚においても、言語隠蔽効果が見られた。

> 目が大きい
> 鼻が高い
> あごが細い
> くちびるが厚い

顔の個々のパーツの特徴を言語化していくと、顔の記憶があいまいになる。

8 「凶器注目効果」

ざっくり言うと… 恐怖は記憶力を低下させる！

研究した人 ▶ エリザベス・ロスタフ【アメリカの心理学者】

犯罪場面で、凶器をもった犯人を目撃した場合、目撃者の注意は凶器に集中し、犯人の顔や服装などに関する情報が不正確になること。「トンネル視」ともいう。強い恐怖によるストレスで、目撃者の注意の範囲が狭くなるためとされる。このため、一般的に目撃証言の信憑性は低いといわれ、冤罪が引き起こされる可能性もある。

恐怖を体験した被害者が、犯人の特徴を正しく識別できる可能性は、実験によると参加者の約15%ほどだった。

9 「ミラーイメージ効果」

ざっくり言うと… 相手は自分を映す鏡！

研究した人 ▶ ユーリー・ブロンフェンブレナー【アメリカの心理学者】

相手に向けた感情や思考は、自分に返ってきて、自分に影響を与えるというもの。本当は自分が相手を嫌っているのに、相手の方が自分を嫌っていると思いこむ心理で、ネガティブな感情がエスカレートしていく。逆に、ポジティブな感情を相手に向けると、プラスの結果がもたらされる。

仲間を応援すると、ミラーイメージ効果で自分にポジティブな感情をもつことができる。

10「キャリーオーバー効果」

ざっくり言うと… 質問の順番で回答がゆがむ！

調査論で古くから知られる効果。アンケートなどの質問調査で、ある質問が、その後の質問の回答に影響を与えること。キャリーオーバー効果を避けるには、順番を変えたり、関係のない質問をはさんだりする工夫が必要になる。

キャリーオーバー効果の例

前の質問が、次の質問の回答を「賛成」に誘導するようになっている。

質問1 あなたは日本の財政赤字が危機的状況なのを知っていますか？

質問2 あなたは消費税増税に賛成ですか？反対ですか？

11「バンドワゴン効果」

ざっくり言うと… 流行に乗りたくなる！

研究した人 ▶ **ハーベイ・ライベンシュタイン**【アメリカの経済学者】

ある選択肢を大勢が支持することで、さらに支持が増大すること。世間で流行すると「価値がある」と思いこむ心理で、「同調」（➡P46）のひとつ。これに対し、他人とはちがうものを選びたいという心理を「スノッブ効果」という。他人のものより高価になるほど、価値が高いと考える心理を「ベブレン効果」という。

バンドワゴン効果

「流行に乗り遅れたくない」という心理。大勢がもっているものをほしくなる。

スノッブ効果

「流行に乗るのははずかしい」「他人とはちがうものがほしい」という心理。

ベブレン効果

他人より高価なものを所有していることで、満足度が高くなる。

12 「ウィンザー効果」

ざっくり言うと… 口コミで信頼性が増す!

直接知った情報よりも、第三者から知った間接的な情報の方が信頼性を感じること。利害関係のない情報源からの情報を信じる心理で、ある企業などが自社の商品を直接宣伝するより、商品を利用した消費者の口コミの方が、売り上げアップに効果が高い。

CMで高品質という商品情報を見ても、あまり信頼しない。

ネットの口コミ情報で評価が高いと、その評価を信頼する。

13 「ストループ効果」

ざっくり言うと… 意味と色の情報が干渉しあう!

研究した人 ▶ ジョン・ストループ 【アメリカの心理学者】

文字の意味と文字の色を同時に目にすると、ふたつの情報が干渉しあうこと。例えば、色名を答えるとき、赤インクで書かれた「あか」という文字より、青インクで書かれた「あか」という文字の方が、理解するのに時間がかかってしまう。

ストループ効果の例 下のA列・B列の漢字を左から順に声に出して「読み方」と「色名」を答えるとき、B列の方が時間がかかる。

A列 赤 青 黄 緑 黒 茶

B列 赤 青 黄 緑 黒 茶

221

さくいん

参考文献

『イラストレート心理学入門［第3版］』齊藤勇著（誠信書房）
『図解 心理学用語大全 人物と用語でたどる心の学問』齊藤勇監修・田中正人編著（誠文堂新光社）
『面白いほどよくわかる！「男」がわかる心理学』齊藤勇監修（西東社）
『図解 使える心理学大全』植木理恵著（KADOKAWA）
『ニュートン別冊 ゼロからわかる心理学 知れば知るほど面白い！ 心と行動の科学』（ニュートンプレス）
『世界最先端の研究が教える すごい心理学』内藤誼人著（総合法令出版）
『世界最先端の研究が教える もっとすごい心理学』内藤誼人著（総合法令出版）
『図解 身近にあふれる「心理学」が3時間でわかる本』内藤誼人著（明日香出版社）
『眠れなくなるほど面白い 図解 社会心理学』亀田達也監修（日本文芸社）
『決定版 面白いほどよくわかる！心理学 オールカラー』渋谷昌三著（西東社）
『マンガでわかる！心理学超入門』ゆうきゆう監修（西東社）
『「なるほど！」とわかる マンガはじめての心理学』ゆうきゆう監修（西東社）
『教養としての心理学101』心理学用語集サイコタム監修（デルタプラス）
『生きづらさはどこから来るか 進化心理学で考える』石川幹人著（筑摩書房）
『友達の数は何人？ ダンバー数とつながりの進化心理学』ロビン・ダンバー著（インターシフト）

監修者 **齊藤 勇**（さいとう いさむ）

文学博士。立正大学名誉教授、日本ビジネス心理学会会長。早稲田大学大学院文学研究科博士課程修了。専門は対人・社会心理学。「それいけ!!ココロジー」（日本テレビ）の監修・コメンテーターを務めるなど、心理学ブームを牽引。『図解 心理分析ができる本』（三笠書房）、『図解雑学 見た目でわかる外見心理学』（ナツメ社）、『イラストレート 心理学入門』（誠信書房）など、著書・監修書多数。

イラスト	桔川シン、堀口順一朗、栗生ゑゐこ
デザイン・DTP	佐々木容子（カラノキデザイン制作室）
校閲	西進社
編集協力	浩然社

イラスト＆図解 知識ゼロでも楽しく読める！心理学

2021年12月10日発行　第1版
2024年 9 月20日発行　第1版　第7刷

監修者	齊藤 勇
発行者	若松和紀
発行所	**株式会社 西東社**
	〒113-0034　東京都文京区湯島2-3-13
	https://www.seitosha.co.jp/
	電話　03-5800-3120（代）

※本書に記載のない内容のご質問や著者等の連絡先につきましては、お答えできかねます。

ISBN 978-4-7916-3078-3